BIBLIOTECA
VIAJE MAIS

CB131729

Editor e Diretor Responsável: Aydano Roriz
Diretor Executivo: Luiz Siqueira
Diretor Editorial: Roberto Araújo

Coordenador Editorial: Paulo Basso Jr.
Redação: Tales Azzi, Karen Abreu, Érico Elias,
Jorge de Souza, Beto Gomes e Juliano Coelho
Projeto Gráfico: Alexandre (Nani) Dias
Capa: Welby Dantas
Revisão: Cátia de Almeida

Dados Internacionais de Catalogação na Publicação (CIP)
(Câmara Brasileira do Livro, SP, Brasil)

50 prais inesquecíveis do Brasil / [coordenador editorial Paulo Basso Jr.]. -- São Paulo : Editora Europa, 2010

ISBN 978-85-7960-019-7

1. Brasil, Litoral - Descrição e viagens
2. Praias - Brasil - Descrição e viagens
3. Praias - Brasil - Guias I. Basso Júnior, Paulo.

10-01893 CDD-918.10946

Índices para catálogo sistemático:
1. Brasil : Praias : Descrição e viagens : Guias 918.10946
1. Praias : Brasil : Descrição e viagens : Guias 918.10946

Impressão: Editora Prol Gráfica

© 2010 Editora Europa Ltda. Todos os direitos reservados
Publicado por Editora Europa Ltda. Rua MMDC, 121 - CEP 05510-900
São Paulo/SP - Tel.: 11 3038-5050 (Grande São Paulo) ou 0800 557667
www.europanet.com.br

50 PRAIAS INESQUECÍVEIS *do Brasil*

Itacaré

Apresentação

De acordo com o Instituto Brasileiro de Geografia e Estatística (IBGE), a costa brasileira é banhada pelo Oceano Atlântico ao longo de 7.367 km. Logo, fazer uma lista das 50 praias inesquecíveis do País é mole, certo? Que nada. É difícil demais. Não pela falta delas, mas sim pelo excesso. E olha que estou falando de praias inesquecíveis, não de quaisquer faixinhas de areia.

Com todo o histórico da revista **Viaje Mais** à disposição, vi-me em meio a essa divertida tarefa achando que a tiraria de letra. Primeiro, optei por definir que inesquecível não seria usado apenas como sinônimo de beleza natural, mas também de importância histórica e relevância popular. Assim, na minha primeira tentativa de elaborar a lista, ainda despretensiosa, cheguei ao singelo número de 78 praias. As mais estonteantes estavam lá, como Sancho, em Fernando de Noronha, e Jericoacora, no Ceará. As mais populares também, como Copacabana e Ipanema, no Rio de Janeiro, Boa Viagem, em Recife, e Porto da Barra, em Salvador. Até Alter do Chão, no Pará, que nem é banhada pelo mar, foi selecionada de prima, afinal, fora eleita pelo jornal inglês *The Guardian* como a praia mais bonita do Brasil.

Pois bem, mas eu tinha um limite predefinido: 50. Afinal, este livro é parte da coleção que inclui outras obras de sucesso, como *50 Lugares Inesquecíveis do Brasil*, *50 Lugares Inesquecíveis do Mundo* e *50 Ilhas dos Sonhos*. 50, 50, 50... Este número, bonitinho que só ele, resolveu me atormentar. Comecei tirando uma praia, depois outra. Quando cheguei em 65, já não suportava mais a dor no coração. A célebre Itapuã, exaltada em verso e prosa por Vinícius de Moraes e Toquinho, teria de ficar de fora. E São Miguel do Gostoso, um lugar tão... gostoso! Não havia mais espaço para ele. Assim foi com Calhetas, Camburi, Joaquina, Maracajaú, Torres, Nova Tatajuba. Umas famosas, outras nem tanto, mas todas fascinantes. E eliminadas.

Não teve jeito, o leitor que me perdoe. Sorte que essa espremida desumana fez com que a seleção final ficasse ainda mais incrível. As praias que ilustram as próximas páginas são inesquecíveis de verdade. Bonitas, importantes, com histórias para contar e paisagens para agradar. Não se trata de uma seleção definitiva e pretensiosa, porque essa não é a intenção deste livro. É apenas uma lista de praias interessantes, retratadas com as cores das fotos e os textos divertidos elaborados pelos diversos jornalistas que fizeram ou ainda fazem parte da equipe de **Viaje Mais**.

Agora, cá entre nós, preciso contar um segredo. Aqui e ali, dei um jeito de destacar mais que 50 praias. Assim, Leblon e Ipanema aparecem juntas, da mesma forma que Caraíva e Corumbau, entre outras maravilhas do litoral brasileiro. Achei justo, pois ficam pertinho ou até mesmo dividem a mesma faixa de areia. Isso sem falar que uma praia inesquecível é muitas vezes o ponto de partida para outra tão boa quanto, ou fica no meio daquele lugar, que, caramba, não tem como não ser citado.

Ou seja, daqui em diante, você irá se deparar, de um jeito ou de outro, com tudo que há de melhor no litoral brasileiro. E, em vez de sair por aí espalhando meu segredo, programe-se para conhecer todas essas praias. O único porém é que, provavelmente, você terá de viajar um pouco mais que 50 vezes. Mas acho que isso não é problema, não é mesmo?

Paulo Basso Jr.
Coordenador Editorial

Carro Quebrado

Índice

Nordeste 10
Sancho 12
Baía dos Porcos 16
Porto de Galinhas 20
Carneiros 24
Boa Viagem 28
Jericoacoara 32
Icaraizinho da Amontada 36
Canoa Quebrada 40
Morro Branco 44
Ponta Grossa 48
Cumbuco 52
Lagoinha 56
Maragogi 60
Praia do Gunga 64
Ilha da Croa e Carro Quebrado 68
Praia do Toque 72
Pajuçara 76
Prainha e Havaizinho 80
Espelho e Curuípe 84
Nativos e Taípe 88
Taipu de Fora 92
Barra do Cahy 96
Caraíva e Corumbau 100
Morro de São Paulo 104
Moreré 108
Mangue Seco 112
Praia do Forte 116
Arembepe 120
Porto da Barra 124
Baía dos Golfinhos e Madeiro 128
Praia do Amor 132
Galinhos 136
Ponta do Mel 140
Genipabu 144
Tambaba 148

Norte 152
Alter do Chão 154

Sudeste 158
Copacabana 160
Ipanema e Leblon 164
Caxadaço 168
Lopes Mendes 172
Aventureiro e Parnaioca 176
Caxadaço e Praia do Sono 180
Castelhanos 184
Maresias 188
Itaúnas 192

Sul 196
Praia Mole 198
Lagoinha do Leste 202
Guarda do Embaú 206
Praia do Rosa 210
Bombinhas 214

Créditos 218

Jericoacoara/Ceará

Nordeste

Sancho

O Sancho é um praião como você pediu a Deus. Ninguém sabe ao certo quem foi o tal felizardo que deu nome ao lugar, mas, quando se está lá, é quase impossível se lembrar disso. Afinal, trata-se da praia mais bonita de Fernando de Noronha, o que, convenhamos, não é pouco. E isso é tudo que importa.

A paisagem da praia em formato de enseada é estupenda. Ao longo da estreita faixa de areia banhada pelo mar esverdeado, quase não há vestígio da presença humana moderna. O canto esquerdo é eternamente deserto. Já o direito, quando tem dois casais, é considerado cheio. No meio, despontam apenas alguns coqueiros, feito cenário de filme de náufrago.

Em qualquer lugar do mundo, um pedaço de litoral selvagem como este estaria escondido e exigiria esforços sobre-humanos para ser acessado, mas em Noronha tudo é diferente. Sancho fica a apenas cinco minutos de caminhada da estrada por uma trilha. Você salta do bugue, anda um pouquinho e, sem perceber, já está lá. A chegada é em grande estilo, por cima, com a vista da praia lá do alto. Mais ou menos como deve ser a entrada do paraíso. Com a vantagem de que este você não precisa morrer para conhecer.

Dica: ***A estrada que leva ao Sancho é a mesma que dá acesso à Cacimba do Padre, outra praia fantástica de Fernando de Noronha. Dela, é possível curtir o Morro Dois Irmãos, um dos cenários mais emblemáticos do arquipélago***

Dá vontade de ficar o dia todo no mirante, mas o Sancho está logo ali e o melhor a fazer é conhecer de perto. O caminho é cheio de aventura. É preciso descer uma escadinha apertada na fenda da rocha, onde você jura que vai entalar, e encarar mais 176 degraus encosta abaixo até alcançar a praia. Resista e não desista. O prêmio é pisar na areia macia e levemente amarelada, que contrasta com o mar verde e tranquilo, com ondas suaves.

Leve uma máscara de mergulho, pois o canto direito da praia parece um aquário, com peixinhos coloridos que não se importam com sua presença. Por isso, boa parte dos

A praia mais bonita de Noronha

MAPA
Nordeste
O Sancho fica no arquipélago de Fernando de Noronha, no Estado de Pernambuco.

A chegada à praia é espetacular, com vista do alto de um mirante (ao lado). Dá vontade de sair correndo, mergulhar e viver lá feliz para sempre

passeios de barco que saem do cais da ilha inclui uma parada de 40 minutos para mergulho livre no Sancho. O trajeto reserva ainda outras boas surpresas. É quase certo que verá golfinhos pelo caminho, pulando ao lado do barco. Afinal, Noronha é um dos lugares com maior incidência desses animais em todo o mundo. Não à toa, conta com a Baía dos Golfinhos, uma região onde eles ficam concentrados para descansar e acasalar.

Ninguém pode entrar no local, nem a pé, mas um mirante no alto da baía oferece uma vista panorâmica da área. O melhor horário para ir até lá é de manhã cedo, entre 5h e 8h, quando biólogos vão à região para dar explicações sobre o hábito dos animais. Como chegar ao mirante? Por um acesso bem fácil, seguindo por uma trilha de 2 km que começa, é claro, na Praia do Sancho. Volte para lá antes do meio-dia e aproveite até às 18h, principalmente de janeiro a junho, quando todos são obrigados a ir embora cedo por causa da desova das tartarugas marinhas.

Baía dos Porcos

Dica: ***Noronha é tão linda que tem diversas outras praias inesquecíveis. Uma vez lá, não deixe de visitar as faixas de areia de Conceição, onde a moçada se concentra; do Atalaia, formada por piscinas naturais; e do Leão, a mais extensa do arquipélago***

A rigor, a Baía dos Porcos não é uma praia, porque quase nem tem areia. São pouco mais de 50 metros de grãos finos e ligeiramente amarelados. Sua composição estética é tão harmoniosa, porém, que ninguém repara nesse detalhe. Até porque são poucos os que resistem ao apelo do cenário e não correm direto para o mar, sem sequer notar que são pedras – e não areia! – que dominam a tal praia.

Localizado no arquipélago de Fernando de Noronha, este belo trecho do litoral brasileiro é formado por pequenas baías que esculpem reentrâncias, com dois morros de formatos curiosos em frente e tudo isso banhado por um mar verde-esmeralda; difícil de acreditar, que dirá de descrever. O mais curioso é que a melhor vista que se tem da região é de fora dela. Tudo começa na trilha que parte da Praia do Sancho e chega até o mirante da Baía dos Porcos, caminho apontado por muitos turistas como um dos mais lindos do litoral brasileiro. O trecho é de babar e une os dois cantos da baía às praias vizinhas. Quem passa, para e geralmente fica. Fotografa. Levanta as mãos aos céus. Quer ficar ali para sempre, diante da vista mais famosa e divulgada de Noronha, com o mar transparente da baía e o Morro Dois Irmãos ao fundo.

Quem topa com o rochedo de nome engraçado tem a sensação de encontrar um velho conhecido. Os nativos não o chamam de Dois Irmãos, como o resto do mundo, mas sim de "Fafá de Belém" por conta do formato curioso que sugere seios de mulher. Uma lenda local conta que seriam mesmo seios petrificados, no caso, de uma gigante castigada por manter um romance proibido com outro gigante. Este, por sua vez, também teria suas partes íntimas transformadas em pedra, nesse caso, formando o Morro do Pico, outro cartão-postal famoso de Noronha.

Mar verde-esmeralda

O Morro Dois Irmãos é uma das paisagens mais famosas de Noronha. Ao lado, crianças mergulham diante da minúscula faixa de areia

Histórias à parte, é possível acessar a Baía dos Porcos a partir de uma caminhada de dois minutos pelas pedras que a separa da Cacimba do Padre, mais uma das fantásticas faixas de areia do arquipélago, que dá vista para o Morro Dois Irmão. Não vá para lá sem levar máscara, *snorkel* e nadadeiras, pois a Baía dos Porcos é um dos melhores pontos para mergulho livre de Noronha. Mesmo no raso, é possível ver cardumes de peixes coloridos, arraias e, no primeiro semestre do ano, tartarugas.

Para os mergulhadores mais profissionais, a região é um prato cheio graças às águas tranquilas, protegidas pelos costões rochosos. Isso sem falar que o fundo de areia branca que reflete a luz do sol proporciona grande visibilidade. Nos pontos mais fundos, que giram em torno de 10 metros, nadam tranquilamente alguns peixes-anjos (Holacanthus ciliares), uma das espécies mais bonitas que vivem em Noronha.

A Baía dos Porcos está na face oeste de Fernando de Noronha, no Estado de Pernambuco.

Porto de Galinhas

Dica: ***Estique o passeio até as duas pontas da praia, respectivamente, Muro Alto, ao norte, e Maracaípe, ao sul. A primeira é um reduto dos resorts que se instalaram por lá; a outra, de surfistas e turistas que desejam se divertir na Vila de Todos os Santos, onde há bares, restaurantes e lojinhas à beira-mar***

Séculos atrás, muitos navios que aportavam no litoral pernambucano traziam escravos contrabandeados da África. Eles vinham cobertos por engradados de galinhas-d'Angola, a comida predileta da corte portuguesa. Bastava o navio ancorar para que se ouvisse a senha para a nova remessa de escravos: "tem galinha nova no porto". Hoje, são elas que fazem a corte para o turista: simpáticas estátuas das aves apontam caminhos, enfeitam fachadas e habitam prateleiras de artesanato da região que, como não poderia deixar de ser, passou a ser chamada de Porto de Galinhas.

Mas não é a história curiosa (e, segundo alguns historiadores, falsa) que explica a fama da desejada praia pernambucana, mas sim as tonalidades de azul e verde que se alternam nas águas clarinhas, que mudam de acordo com a maré e o clima. Combinado com a areia quase branca, o mar lembra a típica imagem de praia do Caribe, mas em Porto de Galinhas a gama de tonalidades é bem maior. Em toda a orla, dezenas de jangadas coloridas aguardam os visitantes para levá-los à atração mais procurada: as piscinas naturais, decorrentes de altos bancos de areia e extensas formações de recifes, sempre repletos de peixes coloridos e outros animais, como siris e ouriços.

O Poço da Paixão é um ponto de visita obrigatório. Lá, qualquer pedacinho de pão atirado ao mar trará esse espetáculo para bem perto de você. É um local onde os mergulhadores mais destemidos gostam de atravessar túneis entre as barreiras de corais.

Durante a alta temporada, o número de turistas é tão grande na região que até se forma fila na praia para pegar as jangadinhas. Mesmo assim, visitar as piscinas com a maré baixa é essencial para aproveitar o passeio. Por isso,

Poço da Paixão

MAPA
Nordeste

Porto de Galinhas fica em Ipojuca, a 57 km de Recife, capital de Pernambuco.

As jangadas se enfileram (ao lado) para levar a galera para as piscinas; à tarde, o esquema é caminhar à beira-mar

todo mundo acorda cedinho (o horário varia, mas normalmente fica entre 6h e 8h) e se enfileira na praia, sob o sol já bem forte da manhã. Quando acaba a temporada, ocorre o contrário: os jangadeiros disputam clientes na lábia. O roteiro é rápido, dura aproximadamente uma hora, mas é o suficiente para mergulhar à vontade, observar os peixes e nadar no mar translúcido.

Além disso, vale a pena sair do mar e curtir a extensa faixa de areia vigiada por uma série de coqueiros. Em alguns trechos, a maré é tão baixa que é possível caminhar por dezenas de metros dentro do mar rasinho.

No centro de Porto de Galinhas, por sua vez, há muito que fazer. É lá que você descobre que o dia na região começa cedo, mas não tem hora para acabar. Os bares e baladas que se concentram no triângulo formado pelas ruas Esperança e Beijupirá e pela Avenida Beira-Mar vivem lotados até altas horas, sobretudo durante a alta temporada.

Carneiros

Dica: ***Aproveite as boas barracas de praia da região, como a Bora Bora, no encontro do mar com o rio; o Arikindá e o Jobar, já no caminho para a igrejinha. Fora isso, não deixe de saborear as delícias servidas no Beijupirá, filial do restaurante mais famoso de Porto de Galinhas***

Localizada entre Maragogi e Porto de Galinhas, no lado do Estado de Pernambuco, Carneiros mais parece um desses pôsteres de agência de viagens. Areia branquinha, muitos coqueiros, mar verde, uma igrejinha de frente para a praia e nenhuma casa (muito) à vista – muito menos gente atacando de frango com farofa sob os guarda-sóis que, por sinal, também são raríssimos por lá – formam a paisagem. O trecho mais bonito da praia fica no encontro do mar com o rio, onde há arrecifes que formam uma piscininha natural. Ou seja, quase tudo aquilo que você sonhou para as férias.

É preciso ser esperto, entretanto, para curtir o lugar. Ao contrário da ilustre vizinha Porto de Galinhas, Carneiros tem acesso restrito e oferece poucas opções de hospedagem, limitadas a pequenas pousadas e casas de aluguel à beira-mar. É verdade que a estrutura melhorou bastante nos últimos anos, mas reservas antecipadas ainda são mais que bem-vindas, sobretudo na alta temporada.

Manter-se praticamente selvagem, semelhante a Porto dos velhos tempos, é o grande trunfo da praia. E o melhor é que esse cenário deve perdurar por muitos anos, já que Carneiros nasceu para o turismo sob outra ótica em relação às faixas de areia que a circundam. A praia fica em uma Área de Preservação Ambiental, uma das poucas ainda não deterioradas na Costa dos Corais, faixa com 137 km de arrecifes que se estende dali até Maceió.

O melhor de tudo é que a região não deve ser tomada de assalto por um bom tempo, já que suas terras pertencem aos descendentes de uma mesma família, os Rocha, que compraram os extensos coqueirais há quase um século adivinhe de quem? Dos Carneiros. As fazendas, que antigamente só serviam para a produção de coco, hoje são o cenário de barracas de praia e bangalôs. Nada além disso.

Quilômetros
de arrecifes

Arrecifes que formam piscinas naturais (abaixo), areia fina, coqueiros e uma igrejinha. Carneiros é tudo que você sonhou

Segundo as autoridades locais, a ideia é manter Carneiros longe da exploração urbana para atrair turistas mais sofisticados, evitando a massificação. Por isso, ônibus não chegam até lá. O acesso de carro ou moto se dá pelas porteiras dos fundos dos bares da praia, que cobram consumação e não aceitam clientes depois que o estacionamento lota. Outra opção é ir de barco. Os passeios, que incluem parada na Ilha de Santo Aleixo e duram um dia inteiro, partem de Porto.

Assim, é impossível curtir esta inesquecível faixa de areia sem ter de desembolsar algum dinheiro, seja nos estacionamentos ou nos bilhetes dos barcos – a não ser que você faça o tipo esportista e siga por 44 km a partir de Porto de Galinhas até a praia, o que não é nada simples. Mas flutuando naquelas águas morninhas, você agradecerá a cada um que cobrou pedágio para sua entrada no paraíso.

MAPA
Nordeste
Carneiros fica em Rio Formoso, a 105 km de Recife, em Permambuco.

Boa Viagem

Dica: **_Aproveite para conhecer outros pontos turísticos importantes de Recife, como o Pátio de São Pedro, com a igreja colonial de São Pedro dos Clérigos e simpáticos barzinhos em volta, e o Recife Antigo, bairro que concentra uma agitada vida noturna_**

Para o bem e para o mal, nenhuma praia de Recife é tão famosa quanto Boa Viagem. Cantada em versos e prosas pelos artistas mais renomados de Pernambuco, como Alceu Valença, a extensa faixa de areia com cerca de 7 km concentra o burburinho da capital pernambucana. Lá, ficam os grandes hotéis da cidade, que formam uma fileira de arranha-céus em frente à praia. No meio de tudo isso, pessoas desfilam a pé, de carro ou de moto rumo aos inúmeros restaurantes e bares que se espalham pela orla, como o Boteco, um dos mais tradicionais da cidade.

O calçadão que separa a larga avenida da areia fofa tem muitas barraquinhas e um constante movimento de gente fazendo ginástica, comendo tapioca, namorando ou apenas curtindo o clima quente que domina a região o ano inteiro. O trecho mais bem frequentado fica à altura do número 3.200 da Av. Boa Viagem, em frente ao prédio Acaiaca. Quase toda a praia, entretanto, vive cheia, não importa a época do ano nem o horário, já que uma boa iluminação noturna toma conta do local.

O único problema – e bota problema nisso – é que o banho de mar só é permitido até a barreira de arrecifes que acompanha toda a faixa litorânea, e fica bem no rasinho. O motivo não poderia ser pior: o risco de ataque de tubarão para quem se aventurar pelo outro lado é enorme. Por isso, não faltam placas vermelhas na praia para chamar a atenção dos banhistas.

Os tubarões não eram *habitués* de Boa Viagem, mas começaram a aparecer por lá em 1992, logo após a construção do Porto de Suape, em Cabo de Santo Agostinho (PE), a 20 km de Recife. A obra desrespeitou princípios ecológicos, mexeu com o equilíbrio marinho daquele pedaço do litoral e fez com que algumas espécies migrassem para a região costeira da capital pernambucana. A partir daí, surfistas que buscavam ondas além dos arrecifes começaram a ser atacados. Muitos morreram ou ficaram mutilados. Resultado: o esporte está

Jangadas de pescadores

Boa Viagem é a principal praia de Recife, capital de Pernambuco.

A enorme orla é perfeita para quem deseja caminhar à beira-mar, mas mergulhar que é bom, nem pensar. Placas avisam sobre a presença de tubarões (abaixo)

proibido por lá, assim como o acesso de banhistas. É uma pena, pois a orla de Boa Viagem é demais.

De qualquer forma, não há como ir a Recife sem visitar a praia, nem que seja apenas para curtir o visual das pipas coloridas que os vendedores espalham sobre a areia banhada pelo mar calmo, verde e morno. Para se refrescar, o jeito é ficar no rasinho ou aproveitar um dos muitos chuveiros espalhados pela praia.

Fora isso, há muito o que aproveitar em torno da faixa de areia, principalmente ao cair da tarde. Uma boa pedida é bater perna pela famosa feirinha de artesanato montada na orla ou sentar em algum restaurante ou café para provar um bolo de rolo, espécie de rocambole nordestino, com massa bem fininha e recheio de goibada.

Jericoacoara

Dica: ***Não deixe de caminhar até a Pedra Furada, seguindo em direção ao lado direito da praia. Na maré baixa, em cerca de uma hora, chega-se a essa inusitada formação rochosa, um dos maiores símbolos de Jeri. Em junho, quem está na praia pode ver o sol se pôr pelo buraco da pedra***

Dez em cada dez turistas em férias no Ceará vão (ou gostariam de ir) para Jericoacoara, uma das poucas unanimidades em qualquer lista das praias mais lindas do mundo. Muitos cometem o erro de visitar a região durante uma viagem a Fortaleza e passam apenas um ou dois dias na vila. Não vale a pena por conta da distância e dos percalços do caminho. Gasta-se praticamente um dia inteiro para ir e outro para voltar. O ideal é reservar quatro ou cinco dias apenas para Jeri, tempo mínimo para absorver a tranquilidade e captar a energia especial do lugar.

A mais famosa faixa de areia cearense não é como outra qualquer. A começar por não ter aquela beleza padrão de enseadinha com mar azul cercada por coqueiros. A praia em si, aliás, nem é das mais bacanas. A areia é batida, escura, e as poças d'água ficam represadas na maré baixa. O magnetismo está no conjunto de dunas ao redor, tombado desde 2002 como Parque Nacional. Do alto da maior delas, chamada Pôr do Sol, vê-se um praião deserto espetacular, que se estende por uma dezena de quilômetros até Camocim, a última cidade do litoral oeste cearense.

Nas horas centrais do dia, faz um sol de rachar e poucos se arriscam a caminhar. O ponto de concentração fica no canto direito, onde as amendoeiras projetam sombras às mesas de um barzinho. Próximo à hora do almoço, sucos e cervejas geladas descem fáceis e a conversa rola solta, enquanto o olho passeia entre a grande duna em um canto e o balé das velas de windsurfe no outro.

Quando a tardinha chega, o calor ameniza e a praia se transforma. Enche de gente. É a hora do futebol, da caminhada, da aula de capoeira na areia, dos cavalos galopando e dos bugues chegando dos passeios.

Praia feita de dunas

MAPA
Nordeste
Jericoacoara fica a 280 km de Fortaleza, capital do Ceará.

Não adianta visitar Jeri com pressa. O lugar é lindo demais, feito para quem deseja relaxar e ver maravilhas da natureza, como a Pedra Furada (abaixo)

Lá pelas 17h, a duna começa a mudar de cor e ganha o tom dourado do final do dia. O pessoal começa a subir o morro de areia, numa espécie de cena de filme de ficção científica, em que todos andam hipnotizados em direção a uma luz misteriosa. Todo final de tarde, essa reprise faz o maior sucesso em Jeri. É um ritual diário. Lá de cima, olhos espantados assistem ao astro-rei se transformar em uma imensa bola vermelha e iniciar o mergulho no mar.

Depois do pôr do sol, feito saída de cinema, a turma segue duna abaixo. O dia, porém, ainda não acabou e, de longe, já se escuta o som do berimbau e a cantoria do "Paranauê, paranauê, paraná!". É a senha para a roda de capoeira que rola em clima quente nas areias de Jeri até a chegada da noite. Aí, finalmente é hora de partir para a vila, que foi feita para quem deseja descansar, mas também oferece opções para os que querem jantar e agitar. De quarta e sábado, tem o tradicional forró.

Icaraizinho da Amontada

O nome é esquisito, não diz nada, tampouco desperta interesse, desejo ou sonho algum. Icaraizinho da Amontada. É apenas engraçado. Mais ou menos como aconteceu no passado com Jericoacoara, quando a praia mais cobiçada do litoral do Ceará não passava de um quase deserto vilarejo de pescadores, e sequer tinha sido carinhosamente apelidada de Jeri.

A exemplo da gata borralheira do litoral cearense, Icaraizinho de Amontada também tem dunas e lagoas. Contudo, não tem a fama e os turistas de Jericoacoara. Trata-se de uma baía de águas calmas e rasas, comumente cheia de barquinhos de pesca e jangadinhas ancorados. Um coqueiral num canto, um belíssimo conjunto de dunas no outro e uma ou outra viva alma caminhando na areia. Na água, há sempre alguém da galera do *kite* e do windsurfe, pois a praia é apontada pela tribo como um dos principais pontos para a prática desses esportes no Brasil.

Os visitantes de Icaraizinho de Amontada são, em geral, os que se aventurarem em roteiros de jipe ou bugue que saem de Fortaleza e seguem pelas praias até Jeri. Ou seja, estão apenas de passagem, sem tempo para admirar os encantos do lugar. Azar o deles.

Dica: ***Para conhecer as dunas, faça um passeio de bugue que inclui a brincadeira de esquibunda, uma travessia de canoa para a outra margem do rio, com parada para comer ostra, e termina com o pôr do sol do alto da maior montanha de areia da região***

Mais ou menos atrás da vila, na direção do povoado de Moitas, uma sucessão de montanhas de areia branca feito farinha represa a água da chuva entre março e maio. Assim, forma deliciosas lagoas verdes, onde o banho não só é permitido como é quase obrigatório. A água é quentinha, aquecida pelo sol, isenta de qualquer tipo de sujeira, irresistível. Lembra os Lençóis Maranhenses, mas é uma paisagem temporária. Na época da seca, a água evapora, as lagoas desaparecem e ficam apenas as dunas, alvas e enormes, que avançam até um rio próximo. Que, esse sim, nunca seca.

Um lugar
para poucos

A praia é marcada por uma sucessão de dunas de areia branca. Uma ou outra pessoa só aparece por lá no fim da tarde (ao lado), depois que a galera sai da escola

A vila em si é para lá de simples. Tem poucas ruas de pedra e um punhado de moradores que se conhecem pelo nome. A via principal, de frente para a praia e com um único quarteirão, é parcialmente obstruída por uma enorme árvore fincada no meio do calçamento. Por que não desviaram o traçado da rua? Talvez porque não precisasse, pois quase não há carros por ali.

O centrinho passa o dia em silêncio profundo. O único barulho vem das ondas e das folhas dos coqueiros balançando ao vento. Só no final da tarde há algum burburinho na praça, quando a criançada sai da escola e os moradores colocam cadeiras na porta de casa para conversar até a hora da novela. Lá pelas 22h, apenas uma ou outra rodinha de amigos resiste na praça, em volta de uma barraquinha que vende sucos e salgadinhos. Portanto, esqueça o agito. Icaraizinho vai para a cama cedo e acorda com o canto do galo berrando no galinheiro do vizinho. Quase nada de novo acontece na vila. Que, por isso mesmo, é gostosa demais.

MAPA
Nordeste

Icaraizinho é um distrito de Amontada, que fica a cerca de 180 km de Fortaleza, no Ceará.

Canoa Quebrada

Dica: ***Não perca por nada o passeio de bugue até a Praia de Ponta Grossa, para certificar-se de que está mesmo em um dos mais belos trechos do litoral do Nordeste. As falésias vão acompanhá-lo por todo o caminho, mudando de formas e cores. Ora são pontiagudas e brancas, ora íngremes e avermelhadas***

Uma das grandes atrações da belíssima faixa litorânea do Nordeste conhecida como Costa do Sol Nascente atende pelo nome de Canoa Quebrada, e é a praia mais globalizada do Ceará. Atrai gringos de várias partes do mundo, graças à perfeita combinação de belas paisagens com altas baladas.

Foi descoberta pelos *hippies* em meados dos anos 1970, mas mudou bastante de lá para cá. Ficou badalada e o pipocar das pousadas e restaurantes atraiu casais em lua de mel e turistas das mais variadas faixas etárias. De *hippie* mesmo, sobrou apenas as marcas deixadas pelos malucos beleza que frequentavam a região outrora. Ou melhor: a marca. O maior símbolo de Canoa Quebrada é uma falésia que margeia a praia e é tida por muitos turistas como o mais espetacular paredão da costa brasileira. É justamente nesse penhasco vermelho que desponta uma espécie de "tatuagem" com as figuras de uma lua e uma estrela deixadas pelos *hippies*, quando para lá eles migravam com o objetivo de chapar. Ou, digamos assim, em busca de uma energia diferenciada.

Em meio a esse clima, o melhor a fazer durante o dia em Canoa é curtir a praia de todos os ângulos. O esquema é parar uns minutos no alto da falésia para observar os quiosques, que se espalham pela faixa de areia, e depois descer a escadaria para garantir lugar em uma barraca bacana, com o mar esverdeado de um lado e a *tattoo* famosa do outro. Ou então andar para o canto direito, para descolar um pedaço de areia tranquilo e alguma mesa mais rústica.

À noite, tudo rola na Broadway – ou bróduei, como é chamada carinhosamente pelos nativos –, rua rebatizada de Dragão do Mar. Lá, há um calçadão cheio de barzinhos e lojinhas dos dois lados, onde todo mundo se encontra

Falésia sem-fim

CANOA QUEBRADA
MasterCard

Canoa Quebrada fica a 163 km de Fortaleza, capital do Ceará.

A "tatuagem" deixada pelos hippies virou símbolo em Canoa, que tem várias barracas de praia bem transadas (abaixo)

para namorar, descolar namorado ou apenas jogar conversa fora. O burburinho rola solto quando os bares abrem as portas e espalham mesinhas na rua.

Até meia-noite, circulam por ali famílias com crianças pequenas e muitos casais de namorados à procura de um bom lugar para jantar – o que, por sinal, não falta em Canoa Quebrada. Mas quando a turminha sossegada "vira abóbora", as boates aumentam o volume do som e a rua começa a ser dominada pela galera da balada. Gente bonita e descolada é o que não falta.

Por conta de tudo isso, o ideal é se hospedar ao menos por dois dias inteiros na praia cearense. Há diversos passeios de um dia pela região que saem de Fortaleza, com ou sem pernoite. Evite ambos, pois Canoa Quebrada fica a 163 km da capital, longe o bastante para um bate e volta e legal o suficiente para que você passe mais tempo por lá.

Morro Branco

Dica: ***Vale esticar o passeio até a vizinha Praia das Fontes, onde duchas de água mineral brotam do meio das falésias, daí o nome da praia. Mas, se puder, evite ir aos finais de semana ou feriadões, quando os ônibus de excursão e os bugues despejam muita gente ao mesmo tempo na região***

Quem chega a Morro Branco, a 85 km de Fortaleza, e olha o mar esverdeado quebrando diante das falésias coloridas, com pescadores e artesãos trabalhando sobre o sol, logo pensa que aquilo tudo parece cenário de novela. E é mesmo. A praia serviu de pano de fundo da trama *Final Feliz*, de 1983, estrelada por Stênio Garcia. E, por incrível que pareça, teima em permanecer com o mesmo visual independentemente do passar dos anos e da chegada dos turistas.

Se você é mais novo e não se lembra da novela, reconhecerá Morro Branco por outro motivo. É de lá que saem as famosas areias coloridas, usadas por artesãos para formar desenhos de paisagens tropicais em garrafas dos mais variados tamanhos, que são vendidas em todo canto de Fortaleza. Algumas delas já devem ter enfeitado a mesinha da sala de sua casa ou de algum parente.

A despeito de novelas e garrafinhas de areia, é a belíssima sequência de falésias que faz de Morro Branco uma praia inesquecível. O melhor de tudo é que a região é praticamente deserta, pois todo o trecho litorâneo foi tombado como Área de Proteção Ambiental, o que quer dizer que nenhuma gota de cimento pode ser despejada por lá.

Existem duas maneiras de conhecer a praia: caminhando pela parte alta das falésias, de onde se tem uma vista panorâmica e majestosa da praia; ou à beira-mar, deixando a água lamber os pés. Em alguns trechos, há grandes fendas que formam verdadeiros labirintos entre os paredões naturais, por onde você pode caminhar sem olhar para trás. Inúmeros guias-mirins oferecem serviços por quantias bem módicas para orientar os visitantes dentro desses labirintos. Não é necessário contratá-los, já que ninguém se perde, mas se quiser ouvir histórias exageradas e aprender mais

Labirinto natural

O bugue fica pequeno diante das enormes falésias; abaixo, mesinha com peixes e cerveja surge como uma benção a poucos passos do mar

sobre o local, opte por acompanhar os garotos. De repente, o trajeto pode ficar até mais divertido.

Embora Morro Branco seja quase toda deserta, existem algumas barracas no canto esquerdo da praia, que servem pratos saborosos. As especialidades são os frutos do mar, pescados ali na região e oferecidos fresquinhos. É nesse pedaço da faixa de areia que os artesãos se instalam para desenhar paisagens nas garrafinhas, a fim de ganhar um troco. A lembrancinha é bacana, vale a pena comprar. Ao menos lá, onde a produção é "da gema".

Nos finais de semana e feriados, os ônibus de excursão que partem da capital chegam em peso a Morro Branco. Por isso, a melhor opção é visitar a praia cearense durante a semana, quando fica bem mais sossegada. O caminho de Fortaleza até a região leva apenas uma hora. Dá para ir de bate e volta, mas acredite: você vai querer ficar mais tempo por lá.

MAPA
Nordeste

Morro Branco fica em Beberibe, a 85 km de Fortaleza, capital do Ceará.

Ponta Grossa

Dica: ***Caso fique deslumbrado com a beleza de Ponta Grossa e resolva passar uma noite por lá, siga para uma das poucas e rústicas pousadas do pedaço: Pantanal, do Seu Chico e Canaã. Nesta última, é possível provar ótimos frutos do mar acompanhados de uma deliciosa caipirinha. Na hora de passear, vá à vizinha Praia Redonda, que é espetacular***

Pouca gente vai até Ponta Grossa, pois a praia cearense fica distante das duas capitais mais próximas da região: Fortaleza, no Ceará (a quase três horas), e Natal, no Rio Grande do Norte (a mais de cinco horas). O que é uma pena, pois se trata de uma praia nota 10, com falésias de várias cores de um lado e um mar calmo que mais parece uma piscina do outro. É justamente esse isolamento que mantém a faixa de areia preservada e praticamente selvagem.

Os poucos visitantes costumam vir de Canoa Quebrada em passeios de bugue que duram, na maré baixa, cerca de três horas. Ponta Grossa é o ponto final do roteiro, que inclui outras praias com nomes que parecem tirados de alguma novela de Aguinaldo Silva: Majorlândia, Quixaba, Peroba.

As falésias acompanham o visitante durante todo o passeio, mudando de cor, indo do vermelho para o laranja e depois para o branco, ganhando novos formatos, surpreendendo. Mas é em Ponta Grossa que o fenômeno natural ganha corpo, graças ao paredão pontudo e às fontes de água doce que, aqui e ali, brotam da terra e convidam todos para um bom banho.

Ao lado de tudo isso, uma enorme duna de areia amarelada desce de forma abrupta em direção ao mar e forma um cenário curioso, extremamente árido, pois quase não há vegetação próxima à orla. Apenas incontáveis falésias de terra seca e vermelha. É o sertão que não vira mar, mas fica à beira dele, num visual difícil de esquecer.

Nos passeios organizados pelas agências de turismo da região, o período da manhã é reservado para as pessoas conhecerem Ponta Grossa, a bordo dos bugues. Os bugueiros se divertem com a diversão dos turistas e contam histórias engraçadas, piadas e "causos" locais. A animação continua no almoço, quando, das panelas espalhadas pelos poucos restaurantes do vilarejo, saem peixes fritos, camarões no bafo, lagostas e um baião de dois alucinante.

O meio da tarde costuma ser reservado para um bom mergulho no mar. Os mais experientes aproveitam o fato de

Ponta da falésia: não há outra igual no Brasil

MAPA
Nordeste

Ponta Grossa pertence ao município de Icapuí, que fica a 200 km de Fortaleza, capital do Ceará.

O sertão não vira mar, mas chega pertinho disso nos paredões de terra seca e vermelha que se descortinam em Ponta Grossa

ser de tombo para explorar recifes e rochas submersas, mas isso só é indicado para quem se dá bem com o mar. Do contrário, o ideal é ficar no rasinho. Em seguida, todo mundo se reúne para se esticar em uma das muitas redes penduradas entre os poucos coqueiros que despontam por toda a orla.

Para fechar o dia com chave de ouro, uma boa dica é passear no vilarejo, onde há artesãos e uma série de comércios com nomes estranhos, cheios de consoantes. A maior parte deles pertence a holandeses, que descobriram Ponta Grossa há algumas décadas e nunca mais tiveram coragem de largá-la. Por isso, não é raro ver um monte de loirinhos por lá.

Depois de se deslumbrar com tudo isso, infelizmente é hora de partir antes de o sol ir embora, mas não se preocupe: a tristeza de abandonar tamanha beleza natural é sempre substituída por aquela expressão sorridente traduzida pela sensação de que, naquele lugar, é fácil entender o que significa tirar férias de verdade.

Cumbuco

Dica: ***Não pegue o primeiro bugueiro que aparecer, nem os inúmeros guias-mirins que oferecem serviços na estrada, antes de chegar à vila. Opte por ir a pé até a cooperativa onde ficam os bugues cadastrados, na rua de trás da via principal, e pague mais barato***

Qualquer dia é dia em Cumbuco, praia situada a pouco menos de meia hora de Fortaleza. Trata-se de uma das faixas de areia mais manjadas da região, tanto que quase todos os pacotes oferecidos pelas operadoras de turismo rumo à capital cearense incluem um passeio até lá. Isso significa que a extensa praia pontuada por diversos coqueiros e dunas fica bem agitadinha, sobretudo, na alta temporada, embora a lotação permanente não indique que seja pouco interessante. Pelo contrário, por sinal. Nenhum passeio ao redor de Fortaleza é completo sem uma visita a Cumbuco, por um simples motivo: a praia oferece tantas opções de lazer que mais parece um parque de diversões a céu aberto.

A qualquer momento do dia, há jangadas prontas para zarpar rumo a passeios que duram cerca de meia hora pelas três belas lagoas que banham a faixa de areia: Parnamirim, Banana e Cauípe. Andar de caiaque e praticar *wind* e *kitesurfe* (prancha puxada por uma espécie de pipa) são atividades muito requeridas no pedaço.

Mais concorrido que isso, porém, é o roteiro de bugue rumo às dunas de Parnamirim, com direito a paradas para quem deseja curtir o esquibunda, prática que consiste em escorregar pela areia sentado em pranchinhas de madeira. A atividade é deliciosa e pode ser seguida de um mergulho na lagoa. Nem precisava, mas na volta, a bordo do pequeno veículo, o turista ainda se depara com paisagens onde foram gravados diversos filmes e novelas.

Antes de acelerar, o bugueiro costuma oferecer aos passageiros a possibilidade de percorrer a trilha com ou sem emoção. A primeira opção inclui subidas alucinantes nos montes de areias, derrapadas e pequenos saltos. Nem precisa dizer que é a mais divertida. Se a ideia for apenas contemplar a região, no entanto, peça para o camarada

Dunas na Lagoa do Parnamirim

Cumbuco fica a 28 km de Fortaleza, capital do Ceará.

Os bugues (ao lado) fazem parte da paisagem de Cumbuco, marcada por dunas que lembram grandes desertos

rodar devagar e colocar um som maneiro no toca-CDs para que você "viaje" em meio à paisagem local, que mais parece a de um deserto com areias sem-fim.

O grande lance em Cumbuco, no entanto, é esperar a tardinha chegar, já que essa é a hora em que os ônibus de excursões vão embora e é possível reconhecer a face original do lugar. Os jangadeiros começam a enrolar as velas, enquanto a molecada improvisa um futebol na areia. Espere para ver o pôr do sol na praia ou do alto da duna na barra do Rio Cauípe.

Com boa infraestrutura, Cumbuco reúne uma série de restaurantes onde é possível provar frutos do mar e especialidades nordestinas, como baião de dois e a saborosa peixada, a base de legumes, ovos, pirão e arroz. Não faltam pousadas na região, embora a maioria das pessoas costume sair cedo de Fortaleza para passar o dia ali e voltar ao escurecer para curtir a noite na capital cearense, muito mais agitada.

Lagoinha

Dica: ***Na direção oeste da Praia de Lagoinha fica a Lagoa das Almécegas, de água límpida e doce, ideal para quem está de passagem e quer tirar o sal do corpo, antes de seguir viagem. Existem barcos que fazem a travessia até o outro lado da lagoa***

Quem procura uma praia com visual de cartão-postal e jeitão de pôster de agência de viagens tem de ir para Lagoinha, a pouco mais de uma hora de Fortaleza. Fotogênica ao extremo, a faixa de areia tem uma duna no canto direito sobre a qual balançam uma dúzia de coqueiros. Ao fundo, o mar com um tom de azul que pouco se vê no Brasil chega calmo à praia e forma um cenário inesquecível.

Ao alcançar à pracinha da vila, que fica no alto da falésia que emoldura a praia, quase todo mundo para na Casa das Artes. Além de oferecer artesanato de muito bom gosto, esse ateliê tem uma varanda com a melhor vista da praia. Lá de cima, é possível fazer uma foto parecida com a que está aí do lado. Basta olhar para baixo e pronto: lá estará o seu sonho.

Depois do clique, desça até a praia e ande em direção à duna alaranjada, para curtir o visual e o ar puro do litoral cearense. Uma boa dica é fazer um dos muitos passeios de jangada e canoinha oferecidos na região, pois do mar tem-se uma incrível vista da praia cearense, com a duna partindo em direção aos coqueiros. Esse é o melhor jeito de curtir a Lagoinha, pois, por incrível que pareça, a praia é bem mais bonita de ver de longe do que de aproveitar. Isso porque a duna cai direto na água, onde há muitas pedras que atrapalham o banho de mar, embora poucas pessoas resistam a dar pelo menos um mergulhinho.

A badalada faixa de areia que pertence à cidade de Paraipaba tem se esforçado para deixar de ser um mero passeio bate e volta de bugue a partir de Fortaleza e se transformar em um destino próprio. As barracas com quiosques de palha, na praia, estão bem-arrumadinhas e oferecem ótimos pratos e bebidas. Há também bons hotéis e pousadas no alto da falésia. Todos, claro, com vista para o belo cenário local.

Vista da praia a partir da Casa das Artes

Quiosques de praia bem-arrumadinhos oferecem bons pratos (abaixo), tudo diante do cenário espetacular da orla cearense

Antigamente, carros e motos podiam circular pela areia, mas a prática se tornou proibida, da mesma forma que os estabelecimentos não podem mais abusar do som alto. Salva-vidas estão sempre de olho para manter a ordem na região. O objetivo é proporcionar um clima de paz permanente, que ganha fôlego no fim do dia, quando os bugues e quadricículos de excussão partem de volta para a capital cearense.

Não bastasse tudo isso, vale a pena se hospedar na região para visitar as belas praias vizinhas, como Fleixeiras e Mundaú. Ambas estão a cerca de uma hora de Lagoinha. A primeira tem mar calmo, barreiras de arrecifes e mais jangadas ancoradas que gente caminhando na praia. Mundaú, por sua vez, é forrada de dunas que emolduram o rio homônimo. Vá até lá ver o pôr do sol, quando as águas do rio ficam tingidas de um dourado intenso. Há também passeios de barco pelo mangue e mar adentro rumo a ótimas piscinas naturais.

Maragogi

*Dica: **Um dos resorts mais famosos do Brasil fica em Maragogi. É o Salinas, que trabalha em regime** all-inclusive **e oferece boa infraestrutura para quem deseja conhecer as galés. O complexo também organiza cursos de mergulho***

Há quem diga que o litoral norte de Alagoas, onde fica a belíssima Maragogi, é o mais espetacular do Nordeste. Se não for, chega bem perto. Tanto que o trecho que vai de Maceió até o sul de Pernambuco recebeu o sugestivo nome de Costa Dourada. Outros o chamam de Costa dos Corais, por causa da imensa barreira de recifes que se estende por quase duas centenas de quilômetros e é responsável por criar as praias, senão as mais belas, as mais inusitadas do Brasil. São longas faixas de areia banhadas por águas calmas, bem transparentes e mornas, que mudam radicalmente de aparência conforme o movimento das marés. Na baixa, os recifes emergem, formando piscinas naturais, uma sequência interminável delas.

A Praia de Maragogi é a grande estrela da região, não necessariamente pela faixa de areia, que é bem comum, mas porque é lá que fica toda a infraestrutura de acesso às galés, como são chamadas as maiores e mais belas piscinas naturais de Alagoas. Para chegar até elas, é preciso pegar barcos e navegar por 7 km no horário da maré baixa, quando os recifes deixam o mar novamente rasinho, com água pela cintura. Os únicos contratempos são o esquema muito comercial do passeio e a quantidade de gente que os barcos despejam nas piscinas. Havia tanto abuso, que o Ibama engrossou com os barqueiros locais e limitou o número de visitantes para até 620 por dia – para se ter uma ideia, no auge do verão, eles chegavam a levar até 2 mil pessoas para a região. Era mais gente que peixe por metro cúbico de água. O Ibama também proibiu dar comida aos peixinhos, que já estavam ficando gorduchos de tanto pão jogado no mar. Cardumes de sargentinhos, porém, ainda têm esperança de receber alguma migalha e logo cercam quem pula para se refrescar.

Para quem gosta de *snorkeling*, a melhor pedida é perguntar aos guias locais onde fica o "Aquário", formação de coral situada a cerca de 100 metros de onde os barcos lançam âncora. A profundidade nesse ponto chega a 5 metros e a boa visibilidade da água favorece o mergulho entre corais e diversos

Antunes, coladinha a Maragogi

Maragogi fica a 144 km de Maceió, capital de Alagoas

Ninguém liga para a faixa de areia em Maragogi, já que o grande barato por lá é aproveitar a infraestrutura de passeios rumo às inesquecíveis galés

peixes coloridos. Lá, rolam batismos e *check out* de cursos de mergulho autônomo (com cilindro de ar).

De volta à praia, há diversos pontos litorâneos bem bacanas para visitar na região que cerca Maragogi. Por terra, há passeios de bugue que seguem para ambos os lados do litoral. Os melhores destinos ficam no sentido norte: Burgalhau, Barra Grande, Antunes, Ponta do Mangue e Peroba são regiões onde o mar ganha tons azul-caribe, que não se observa em nenhuma outra parte da costa brasileira. O melhor de tudo é que pouca gente sabe disso, o que torna o local ainda mais agradável e inesquecível. No sentido sul, Japaratinga, localizada a apenas 11 km de Maragogi, tem várias faixas de areia interessantes, entre elas, Bitingui, Boqueirão e do Pontal.

Praia do Gunga

Dica: **A partir do Gunga, siga de bugue por 20 minutos rumo ao sul, até encontrar a Praia de Lagoa Azeda. A região é marcada por belas falésias e é bem mais calma que a vizinha famosa**

Os alagoanos costumam dizer que a Praia do Gunga está para o litoral sul do Estado, assim como Maragogi está para o litoral norte. Ou seja, é a praia mais bonita, bem frequentada e famosa do pedaço. Isso fica evidente quando se constata que todo mundo "esquece" da vida ao chegar a esta ponta de areia localizada em Barra de São Miguel, a apenas 33 km de Maceió. Motivos para isso não faltam: a paisagem é belíssima, marcada por areias claras margeadas por coqueiros de um lado, e o mar cristalino que mescla tons de azul e verde do outro. De quebra, o encontro da Lagoa do Roteiro com o mar, que se dá sempre na maré alta, dá um charme a mais ao cenário e faz da praia um ótimo lugar para banho em qualquer época do ano.

Durante a semana, a calmaria que reina no Gunga só é quebrada pelo alvoroço de alguns turistas ao se depararem com o *topless* das europeias, que costumam ir aos montes para a região. Quando o fim de semana chega, por sua vez, a agitação aumenta com a invasão da galera vinda da capital alagoana.

Nsses dias o vaivém dos bugues que realizam *tours* turísticos aumenta consideravelmente. Aqui e ali, há sempre um cruzando as areias rumo às falésias. Como é impossível lutar contra o movimento, o jeito é juntar-se a ele, subir num dos carrinhos e curtir a *vibe* local tomando vento na cara. Outra opção é fazer passeios de *jet-ski*, como os marajás que dominavam o pedaço faziam antigamente, ou mergulhar nas piscinas naturais próximas à praia.

Existem dois jeitos de chegar ao Gunga. Pelo mar, a partir de Barra de São Miguel, ou de carro, em uma trilha de 3 km que passa por uma fazenda particular de coqueiros. Como apenas veículos autorizados podem fazer o segundo trajeto, a grande maioria das pessoas segue para a região de barco, saveiro, jangada ou escuna. O passeio, que dura

Coqueiros enfeitam
a enseada alagoana

O jeito mais fácil de chegar ao Gunga é por meio de embarcações; abaixo, a fascinante ponta da praia, o lugar mais calmo do pedaço

cerca de 20 minutos, é tranquilo, bonito e, vez por outra, inclui paradas para mergulho em piscinas naturais.

Por receber muitos turistas, a Praia do Gunga conta com boa infraestrutura. São várias barracas espalhadas pela areia, que abrem diariamente e servem bebidas e petiscos de boa qualidade. Algumas alugam cadeiras e guarda-sóis, o que facilita muito a vida dos banhistas.

No trecho em que se concentram restaurantes e barzinhos, a praia fica mais lotada. Para quem gosta, é um prato cheio, mas se a ideia é curtir algo mais sossegado, o jeito é colocar o chinelão nas mãos e caminhar um pouco à beira-mar, molhando os pés, até o canto direito, onde fica a lagoa, ótima para banho. Ou até a outra ponta, onde a faixa de areia faz um bico banhado pelo mar. Ali, há sempre um espacinho vazio na areia para quem deseja se esticar e apreciar o visual.

MAPA
Nordeste

A Praia do Gunga fica em Barra de São Miguel, a 33 km de Maceió, em Alagoas.

Ilha da Croa e Carro Quebrado

Dica: ***Caso se canse de tomar sol o dia todo em Carro Quebrado, caminhe até a vizinha Praia de Morro, que é ainda mais vazia e bonita. Lá sim, não entra carro, quebrado ou não***

Quase todo mundo que visita Maceió estica o passeio pelo litoral norte de Alagoas, diretamente até Maragogi, sem se importar com as praias distribuídas no meio do caminho. É uma pena, pois não faltam faixas de areia bonitas nesse pedaço do Nordeste brasileiro. A começar pela Ilha da Croa, cujo nome é uma corruptela de "coroa". Esta, por sua vez, é uma espécie de banco de areia que, às vezes, desaparece na maré alta.

Para chegar lá, é preciso atravessar de balsa o canal que separa em dois o povoado de Barra de Santo Antônio, situado a 37 km da capital alagoana. Depois, o trajeto pode ser feito de carro, pois a Ilha da Croa, apesar do nome, não é uma ilha de verdade, mas sim uma península. A confusão deve-se ao fato de o tal banco de areia que a batizou ficar "ilhado" em frente à tal península onde efetivamente está situada. Confuso, não? Pouco importa, porque todo mundo chega numa boa até lá e, de quebra, é presenteado com trechos litorâneos selvagens, e coqueiros que se descortinam pela paisagem. Escolha qualquer lugar para parar e apreciar a vista, com labirintos de areia e grandes currais de pesca.

Mas, para pegar praia boa mesmo, o esquema é seguir rumo ao norte, onde despontam diversas placas que indicam piscinas naturais, as primeiras de uma série interminável no litoral norte alagoano. Chamam a atenção as "do PC" – sim, o PC Farias da era Collor, que morou e morreu ali perto. Melhor do que perder tempo nelas, porém, é ir direto para Carro Quebrado. O nome é esse mesmo, mas não se impressione, porque até bicicletas chegam lá sem grandes esforços.

Dezenas de garotos se oferecem como guia, alegando que o caminho é complicado. Recuse. Não precisa. É bem fácil chegar lá. O que não é fácil é descobrir como surgiu o nome Carro Quebrado, já que lendas em torno

Falésia colorida

MAPA
Nordeste

Ilha da Croa e Carro Quebrado ficam a 40 km de Maceió, capital de Alagoas.

A Ilha da Croa (abaixo), que de ilha não tem nada, é o ponto de partida para Carro Quebrado e suas falésias coloridas

do assunto não faltam. Uns dizem que, certa vez, uma Brasília encalacrou na areia da região e passou muito tempo por lá até ficar depenada e, finalmente, inspirar os nativos a batizarem a região. Outros afirmam que um casal foi namorar à noite na região e não conseguiu voltar porque o carro quebrou. A verdade é que ninguém tem certeza de nada disso.

Histórias à parte, o que importa é que Carro Quebrado é uma praia típica de cartão-postal, sem casas, deserta nos dias de semana e emoldurada por coqueiros e falésias de diferentes cores, que formam um enorme paredão a perder de vista. Quase não há sinal de civilização, a não ser alguns pescadores e artesãos ou, durante a alta temporada, turistas que se aventuram por aquelas bandas. Lugar para esticar a canga não falta. É o típico lugar para passar o dia de bobeira, fingindo que tem uma praia particular só para você e quem mais o estiver acompanhando. Com ou sem carro.

Praia do Toque

Dica: ***Além da Pousada do Toque, há outras opções de hospedagem charmosas na Rota Ecológica, como a Villa Pantai, em Porto da Rua, e a Aldeia Beijupirá, na Praia do Laje. Ambas ficam bem pertinho do Toque***

A Rota Ecológica, trecho do litoral norte de Alagoas, é pontuada por praias desertas, que vivem tranquilamente escondidas por trás do coqueiral que margeia a estrada entre Maceió, capital do Estado, e Maragogi, a faixa de areia mais famosa do pedaço. Em meio a um cenário de tirar o fôlego, há uma série de povoados minúsculos e rústicos, onde as ruas sequer têm nomes, todo mundo é parente ou se conhece, e cada pracinha exibe uma estátua do Padre Cícero. É o caso de São Miguel dos Milagres, um lugar simples de tudo, mas que se gaba de ter uma das faixas de areia mais estonteantes do mundo, sem qualquer exagero: a Praia do Toque.

Lindo que só vendo, o destino é voltado justamente para quem procura sossego e areias quase desertas, mas não abre mão de conforto e boa comida. Vale a pena explorar a região com um passeio de jangada até as piscinas de corais, sobretudo ao amanhecer, quando a maré está baixa e a paisagem ganha tons dourados, ficando ainda mais bonita. Vá com sandália, máscara e *snorkel*, pois dá para caminhar pelos corais e mergulhar para ver peixinhos.

Ao retornar à praia, não há muito o que ver ou fazer, além de caminhar pela faixa de areia e descansar. Isso, porém, está longe de ser um problema, pois em pouco tempo você se sentirá capaz de passar horas deitado em uma rede, embalado pela brisa do mar. Se quiser, seu único esforço pode se resumir a erguer o dedo para chamar o garçom ou colocar a leitura em dia.

Para entrar nesse clima, a dica é se instalar em uma das incríveis pousadas charmosas espalhadas pela praia. A que mais chama a atenção é a Pousada do Toque, tão ou mais famosa que a própria faixa de areia onde está instalada. O lugar é especialíssimo, chique em cada detalhe, porém rústico, onde você pode passar o dia de chinelão e, ao mesmo tempo, comer como em um *bistrô* estrelado.

Barquinho na
piscina de corais

MAPA
Nordeste

A Praia do Toque fica em São Miguel dos Milagres, a 106 km de Maceió, capital de Alagoas.

Em Toque, sua única dúvida será curtir uma pousada transada (abaixo) ou ir de barco até piscinas naturais cujo azul da água lembra as ilhas caribenhas

Os quartos são equipados com supercamas, travesseiros e lençóis de grife. Todos têm varandinhas com rede, cuja privacidade é garantida pelo paisagismo, que faz um cerco natural em cada bangalô. As suítes mais luxuosas ainda contam com piscinas privativas. Alguns quiosques espalhados pelo jardim oferecem sofás e redes para quem quiser curtir uma preguiça sem culpa. Ao lado de um deles fica a piscina, e logo à frente, está a praia, quase sempre vazia, por vezes ocupada apenas por algum pescador ou outro hóspede da pousada.

Antes do jantar, vale a pena descer até a faixa de areia, pegar uma canoa, atravessar o Rio Camaragibe e caminhar até as falésias da Praia do Morro. Ou então, ir até Porto da Rua, separada do Toque por um pequeno riacho. Do lado de lá do laguinho de águas escuras, a infraestrutura pé na areia é um pouco melhor, com barracas e bares à beira-mar. Tudo muito simples, é verdade, mas extremamente hospitaleiro.

Pajuçara

Dica: ***Para quem gosta de artesanato, é legal ir até Pontal da Barra, onde as estreitas ruelas são repletas de lojinhas de tecidos bordados caprichados. Lá, as rendeiras dão um verdadeiro show ao exibirem a habilidade com a qual manejam os fios***

Maceió é mesmo diferente. Pelo menos em nenhuma outra capital do Nordeste, a praia mais central tem prosaicas jangadinhas que levam você a um passeio até piscinas naturais, onde pode nadar com a água no umbigo na companhia de peixinhos coloridos e passar a manhã comendo e bebendo em alto-mar. Pois Pajuçara, na capital alagoana, é assim.

Ladeada por um calçadão largo, onde o dia todo há pessoas andando, correndo ou passeando de bicicleta, a faixa de areia mais famosa da cidade vive cheia. Nos fins de semana, principalmente, turistas fazem fila diante das jangadas, que seguem na maré baixa por 2 km (cerca de 20 minutos) até um ponto em que, graças aos recifes de corais, o mar vira uma tranquila piscina. Aqui e ali, os barcos de transformam em verdadeiros quiosques flutuantes, oferecendo sucos, refrigerantes, caipirinhas, cervejas, queijo coalho na brasa e até mesmo iguarias como espetos de camarão e lagosta. O melhor é que os pedidos são atendidos por uma espécie de garçom-rã, com água pela cintura, que fica pra lá e pra cá atendendo turistas. Muitas vezes, eles (os garçons) são tão divertidos que roubam a cena e tornam o passeio ainda mais inesquecível.

Depois de curtir um dia de sol no mar ou esparramado na areia, não há nada mais típico que ir à feirinha de artesanato de Pajuçara. Feirinha, aliás, é modo de dizer, porque o mercado situado na orla ocupa dois grandes pavilhões repletos de barraquinhas. É um passeio agradável, mas as compras podem não render tanto assim. A maior parte da feira é repleta de quinquilharias, como chaveirinhos de madeira ou coco e bolsas de palha.

Belo coqueiral na avenida beira-mar

Em poucas praias urbanas do Nordeste, é possível tomar sol com tamanha paz e, de quebra, fazer passeios de jangada até as piscinas naturais (ao lado)

O único produto que realmente vale a pena comprar por lá são os bordados, em especial o filé, tipo de renda tradicional de Maceió. Uma boa dica é ir à feirinha no final da tarde e depois passear pelo calçadão, onde há vários quiosques-restaurantes que servem pescados e pratos típicos do Nordeste.

Além de Pajuçara, há diversas outras praias interessantes na capital alagoana. Ponta Verde e Jatiúca, por exemplo, oferecem até melhor banho de mar que a vizinha famosa, porque ninguém disputa espaço na areia com dezenas de jangadas. O mar é mais calmo e as barracas têm estrutura de fazer inveja a muitos restaurantes. O melhor de tudo é que, com um pouco de disposição, dá para conhecer as três praias numa só tacada, já que elas estão ligadas por um calçadão.

Quem quiser rodar um pouco pode seguir por 20 minutos rumo ao sul até chegar à Praia do Francês. Lá, rola muita oferta de esportes náuticos e pouco espaço para andar entre o mar de guarda-sóis. Para quem gosta de agitação, é um prato cheio.

MAPA
Nordeste

Pajuçara fica em Maceió, capital do Alagoas.

Prainha e Havaizinho

Dica: ***As praias mais próximas à Rua da Pituba, a principal de Itacaré, são menos encantadoras que as mais distantes, mas nem por isso devem ficar fora de um roteiro pela região. Resende, Tiririca, Costa e Ribeira são as principais, com faixas de areia curtas, quase coladas umas às outras, separadas apenas por costões de pedras. Na primeira delas, são oferecidas aulas de surfe e capoeira***

Os surfistas, sempre eles, foram os primeiros a chegar em busca das melhores ondas da Bahia. Logo, espalharam que, atrás da enorme mata fechada que domina o sul do Estado, havia praias com as quais ninguém jamais sonhou. A notícia correu e os primeiros turistas sem prancha começaram a aparecer para conferir se o boato era mesmo verdade. Não levou muito tempo para Itacaré se tornar a praia da vez, e passar a receber gente de várias partes do Brasil e do mundo.

O lugar é tão abençoado que é difícil escolher quais são as melhores praias do pedaço. É certo, porém, que as faixas de areia mais bonitas não têm fácil acesso. Para chegar até elas, é preciso encarar caminhadas por trilhas, caso da Prainha, situada ao final de uma picada de 40 minutos mata adentro. É aconselhável contratar um guia para chegar lá, pois o caminho tem algumas bifurcações, que podem confundir. Os mais indicados são os garotos com camiseta azul da Associação de Condutores, que ficam concentrados no estacionamento da Praia da Ribeira, onde começa a trilha.

Uma vez na Prainha, todo mundo se depara com um mar bravo, uma espessa fileira de coqueiros e pouca gente na areia, mesmo no verão. Essa, por sinal, é uma das grandes vantagens de Itacaré. Com tantas praias bonitas à disposição – são 14, no total –, os visitantes se espalham e sobra muito espaço para estender a esteira.

O visual da Prainha é de arrepiar. A enseada tem uma forma simétrica e é vigiada por dois morros verdes, um de cada lado da faixa de areia. Quase não há infraestrutura, a não ser barracas que vendem água de coco. No mar, os surfistas fazem a festa, mas mesmo quem não sabe pegar onda acaba se rendendo àquela *vibe*.

Além da Prainha, é comum ouvir que Havaizinho é a praia mais bonita de Itacaré. Para tirar a dúvida, o jeito é pegar uma trilha que parte de Itacarezinho, famosa faixa

Prainha

Itacaré fica a 65 km de Ilhéus, no sul da Bahia.

Os coqueiros à beira-mar enfeitam as praias mais isoladas e bonitas de Itacaré, como Havaizinho (abaixo) e Prainha (ao lado)

de areia da cidade, em direção à Engenhoca. Localizada no meio do caminho, a filial baiana do Havaí faz jus ao nome. Constituída por pequenas enseadas separadas por recifes, tem muitos coqueiros e ondas fortes. O contraste entre o mar e a Mata Atlântica ressalta a areia clara, com jeito de intocada, que vive deserta a maior parte do ano. Mais uma vez, são os surfistas que tomam conta do pedaço.

No caminho até Havaizinho, há uma série de quedas d'água que revelam a vocação de Itacaré para o ecoturismo. No mesmo passeio, é possível combinar um mergulho no mar morro abaixo e um banho de cachoeira morro acima. E, no calorão da Bahia, ninguém tem medo de água fria. A cachoeira mais visitada é a do Tijuípe, com entrada próxima a Itacarezinho. Tem boa estrutura de lazer e até um restaurante com mesas para almoçar ao ar livre, antes de voltar à difícil missão de descobrir, afinal de contas, qual é a praia mais bonita da região.

Espelho e Curuípe

Dica: ***O melhor ponto de apoio da região é a Pousada do Baiano, com esteiras de palha e almofadões à sombra dos coqueiros. O estilo é luxuoso e os preços acompanham o alto nível dos mimos oferecidos***

A maioria dos visitantes de Porto Seguro e Arraial d'Ajuda estica o passeio até a badalada vila de Trancoso, mas fica por ali mesmo, desencanando de qualquer tipo de aventura. Poucos se dão conta de que é justamente logo adiante que a Costa do Descobrimento, no sul da Bahia, começa a ficar mais interessante, com praias ainda mais primitivas e bonitas que as vizinhas famosas. O acesso complicado, feito apenas por estradinhas de terra em más condições – com chuva só dá para chegar com veículos 4x4 –, desencoraja muita gente a ir a Espelho e Curuípe, a 26 km de Trancoso. Sorte de quem vai, pois são duas das praias mais lindas da Bahia.

Na realidade, a faixa de areia é uma só, formada por uma enseada de areia branca e água verde-clarinha, cercada por uma falésia coberta por mata nativa, que garante mirantes para curtir o visual incrível do lugar. O mar tem arrecifes que, na maré baixa, formam piscinas naturais nas quais dá para nadar com *snorkel* e ver peixinhos coloridos.

A estonteante paisagem natural se completa com uma infraestrutura de extremo bom gosto. As pousadas do Espelho adotam o gênero rústico-chique, com esteiras e almofadões sob os coqueiros. São bem transadas, mas nada baratas. Estão na beira da praia ou dentro de um condomínio, ao lado de mansões de luxo, no alto da falésia.

O condomínio, no caso, chama-se Outeiro das Brisas e, mesmo que não haja a intenção de ficar por lá, vale a pena visitá-lo. Afinal, seu centrinho imita (mais ou menos) o Quadrado, nome da praça principal de Trancoso. É de lá que se tem a melhor vista da praia. Suba com a máquina fotográfica, pois o cenário é demais.

Por incrível que pareça, não há um cantinho para badalar à noite neste trecho do litoral baiano. Em compensação,

Vista do alto da falésia

As pousadas (abaixo) da região são bem transadas e ficam a poucos passos das piscinas naturais que "espelham" os arrecifes

quem opta por passar uma noite por lá pode curtir a sensação de ter uma pequena amostra do paraíso além da janela. Mais que isso, tem a oportunidade de acordar bem cedo para explorar Espelho e Curuípe antes da visita dos ônibus que costumam vir de Porto Seguro, sobretudo na alta temporada.

Isso pode ser feito das mais variadas maneiras. Alguns escolhem passear a cavalo pelas praias e fazendas da região, outros acham melhor andar de caiaque por manguezais, e há ainda quem não abre mão de deitar na areia para tomar sol e, vez por outra, mergulhar nas espetaculares águas que banham as praias. Tão espetaculares que parecem um espelho cristalino – daí o nome com o qual a região foi batizada.

Com o clima de paz que reina na região pela manhã, dá até para fazer um pouquinho de tudo isso antes da galera chegar. E o que é melhor: sem muita gente por perto e sem tirar o olho do espelho.

Espelho e Curuípe ficam a 26 km de Trancoso, na Bahia.

Nativos e Taípe

Dica: ***Aproveite a noite do Quadrado, a principal praça de Trancoso. Fechada para carros, ela é toda dos visitantes. Ali, está o melhor da gastronomia e das baladas do sul da Bahia***

Trancoso, no sul da Bahia, já foi um dos refúgios alternativos mais procurados do Brasil, há cerca de 30 anos, quando recebeu levas de *hippies* e mochileiros. Até poucos anos, ainda era um mero complemento de Arraial d'Ajuda e Porto Seguro. Hoje, muita coisa mudou e a vila tornou-se a mais badalada da Bahia, um destino turístico independente, *point* de celebridades e tudo mais. Isso se deve, sobretudo, aos quilômetros de praias selvagens que imperam por lá, todas marcadas pelo astral zen que a galera alternativa deixou de herança. Entre as tantas faixas de areia do pedaço, duas se destacam: Nativos e Taípe.

A primeira passa longe de ser a mais bonita de Trancoso, mas é a mais central e, por isso, bem frequentada. Tem diversas barracas que, lado a lado, espalham mesas e cadeiras na areia para receber o pessoal vindo das excursões de Porto Seguro. Entre elas, destaca-se a Tostex, o *point* mais descolado da praia onde, no *lounge*, há algumas *chaise longues* com estampa de oncinha, que dão um clima *à la* Ibiza ao lugar.

Outro ponto de apoio bacana para curtir o dia na praia fica em Barra do Rio Trancoso, entre as praias dos Nativos e dos Coqueiros, onde a Pousada Uxua instalou um barzinho dentro de um barco encalhado. O pessoal se acomoda no *lounge* com sofazinhos brancos, enquanto prova as delícias que saem da cozinha, como o sanduíche de *mousse* de gorgonzola com rúcula e nozes ou a porção de miniacarajés acompanhados de vatapá.

Uma terceira sugestão de barraca de praia que parece não se preocupar em atrair os grupos de excursão, e valoriza mais a qualidade do serviço que a quantidade de

Praia do Taípe

Nativos e Taípe são praias de Trancoso, a 26 km do centro de Porto Seguro, na Bahia.

Lounges *com decoração de oncinha em Nativos (ao lado) ou falésias à beira-mar do Taípe. Em Trancoso, isso tudo está à sua disposição*

clientes, é a Barraca do Andrea (o dono é italiano). Nela, há boa distância entre o seu guarda-sol e o do vizinho, cadeiras reclináveis, redário à sombra para fazer uma *sesta* e um cardápio cuja grande estrela são as entradas que valem como refeições, como o *ceviche* ou o polvo a vinagrete.

A pouco mais de um hora dali, em direção a Arraial d'Ajuda, Taípe, tida por muitos turistas como a praia mais bonita de Trancoso, revela características bem diferentes da Praia dos Nativos. Trata-se de um dos trechos mais espetaculares da costa baiana, com mar aberto e ondas altas, marcado por falésias avermelhadas que passam dos 20 metros de altura e sobre as quais despontam o Club Med Trancoso, um dos resorts mais transados do Brasil. Lá mesmo, há um enorme campo de golfe onde os jogadores arriscam suas tacadas, enquanto apreciam a estonteante beleza da praia. Um privilégio para quem realmente sabe – e pode – viver a vida.

Taipu de Fora

Dica: ***Pertinho de Taipu de Fora, na Praia da Bombaça, fica um dos melhores resorts do Brasil. É o Kiaroa, com bangalôs luxuosos, piscinas privativas e estrutura de lazer integrada à natureza. O lugar é perfeito para quem deseja relaxar***

Areia branca, coqueiros, recifes, ondas fortes... Taipu de Fora seria apenas mais uma entre tantas praias tropicais bonitas espalhadas pelo Brasil se não fosse um detalhe: uma enorme piscina natural, com quase 1 km de extensão por 500 m de largura, convida os visitantes a mergulharem entre corais, para observarem os mais variados tipos de peixes e formações marinhas.

Parece lindo, não é? Pois é divino. Tanto que o jeito mais fácil de chegar lá é pelo céu. Taipu de Fora é a praia mais famosa da Península de Maraú, região que faz parte da Costa do Dendê, na Bahia. O lugar é tão selvagem que praticametne não conta com serviços regulares de transporte. O melhor acesso se dá por meio de um voo com duração de 50 minutos, que parte de Salvador e desce na pista de pouso do Kiaroa Resort, a opção de hospedagem mais requintada do pedaço. Até dá para chegar por terra, mas aí o bicho pega. Deve-se seguir até Itacaré e, de lá, ralar muito pelas estradas precárias que levam a Taipu. Outra opção é apanhar uma lancha em Camamu e seguir rumo à Barra Grande, distritito da cidade de Maraú. Depois, toca encarar um veículo 4x4, único capaz de vencer o nada lisinho acesso por terra que liga o lugar a Taipu de Fora.

Sorte que todo esse trabalho é recompensado de montão. Taipu de Fora mais parece uma ilha isolada, cercada por manguezais e águas azuis com formações de corais, onde poderia ter sido filmado um daqueles filmes de náufragos. Fincada em uma área de preservação ambiental, a praia é boa para quem quer caminhar, tomar sol, mergulhar, ou fazer tudo isso. Ou até nada disso.

Na areia, não faltam barzinhos estilosos, com espreguiçadeiras confortáveis e bons menus de bebida

A península
vive em paz

As piscinas naturais dão o tom de Maraú, que mais parece uma ilha isolada, cercada por coqueiros e banhada pelo mar azul

e comida. A grande atração, porém, está mesmo no mar. As piscinas aparecem na maré baixa, o que ocorre duas vezes por mês. Por isso, não deixe de consultar a tábua das marés antes de se aventurar pela região.

A água cristalina fica reprezada e favorece o mergulho simples, com máscara e *snorkel*, equipamentos que podem ser alugados ali mesmo, nas barraquinhas. De repente, você se pega em meio a um aquário natural no meio do nada, que há pouco tempo era visitado apenas por espertos peixinhos coloridos. Nese instante, não há como não se esquecer dos problemas da vida e se render aos caprichos da natureza.

Taipu de Fora fica em Maraú, a 366 km de Salvador, capital da Bahia.

Barra do Cahy

Dica: ***Outro lugar interessante de Cumuruxatiba é Imbassaúba. Apesar de não ter as altas falésias das praias mais ao sul, a faixa de areia conta com um desenho especial graças à sinuosidade do rio que a corta, também chamado Imbassaúba***

No sul da Bahia, bem na divisa entre a Costa das Baleias e a Costa do Descobrimento, a pouco mais de 220 km de Porto Seguro, há um vilarejo com nome esquisito que pertence ao município de Prado. Trata-se de Cumuruxatiba, ou apenas Cumuru, para os mais íntimos, onde fica a Barra do Cahy, praia que ganhou fama não apenas pela beleza, mas principalmente pelo passado histórico. Muitos pesquisadores e, claro, a população local acreditam que foi exatamente ali que Nicolau Coelho, um dos capitães da frota de Cabral, travou o primeiro contato entre portugueses e índios. Essa teoria é reforçada por trechos da carta de Pero Vaz de Caminha e porque, da faixa de mar em frente à praia, tem-se uma vista favorecida do Monte Pascoal.

O tempo passou desde que a turma de Cabral desembarcou no Brasil, mas não em Barra do Cahy. A praia ainda permanece selvagem, prontinha para ser descoberta. A não ser pelas baleias, que a visitam há muito tempo. Bem mais que os portugueses, por sinal. Todos os anos, as jubartes se deslocam para as águas quentes de Cumuru para se reproduzir, no período de julho a novembro.

Conhecer essas baleias é uma experiência muito especial, por dois motivos. Em primeiro lugar, elas se reproduzem em águas rasas e calmas, portanto, próximo à costa e no máximo a uma hora de barco. Em segundo, as jubarte são muito exibidas. A menos que você tenha má sorte, vai ver não apenas um dorso enorme nadando junto à superfície, mas também pulos impressionantes, rabos espalhando água e diversos comportamentos de acasalamento que, para a sorte dos visitantes, são notados na superfície.

Os pulos, caprichosos, são a forma que os machos usam para chamar a atenção das fêmeas. Já o rabo, que pode ficar vários minutos batendo fora da água, é a maneira sutil de as fêmeas dispensarem os pretendentes. No meio de tudo isso, a presença do barco em nada impede a paquera.

Praia não mudou desde
a chegada de Cabral

Entre o mar e a falésia (ao lado), há um bucólico rio, que desemboca no mar e é fruto das variações da maré

As jubartes aparecem não só nas águas que banham a Barra do Cahy, mas também em outras praias da região, como Japara Mirim. Essa, por sinal, é uma praia de nudismo. O lugar é legal até para quem não é adepto do naturismo, pois fica vazio o ano inteiro. Assim como em todas as praias de Cumuru, o lance por lá é curtir o mar quente e colorido, sem esbarrar em ninguém ou ser obrigado a ouvir o axé em alto volume que domina as faixas de areia vizinhas, mais próximas a Porto Seguro.

Japara Mirim é do tipo que faz cair o queixo até de quem não é muito fã de praia. A orla é limitada por altas falésias, todas enfeitadas por coqueiros nas bordas. Não bastasse isso, o caminho entre o mar e a falésia é cortado por um bucólico rio, que desemboca no mar e é fruto das intensas variações da maré – fato que nomeia o vilarejo, pois Cumuruxatiba, em pataxó, significa "grande diferença entre a maré baixa e a maré alta". Descobrir isso, *in loco*, é inesquecível. Cabral que o diga.

MAPA
Nordeste

Barra do Cahy fica em Cumuruxatiba, no município de Prado, a 223 km de Porto Seguro, na Bahia.

Caraíva e Corumbau

Dica: ***Caraíva e Corumbau ficam pertinho do Monte Pascoal, aquele mesmo que foi avistado por Pedro Álvares Cabral ao chegar ao Brasil. Não deixe de fazer um passeio até o parque onde está o monte, cuja administração é controlada por índios***

O jornal inglês *The Guardian* classificou Caraíva, no litoral sul da Bahia, como a quinta melhor praia do Brasil. Os motivos estão listados na reportagem: a areia dourada, o encontro do rio com o mar, e o som permanente da brisa e das ondas que pode ser ouvido a metros de distância, o que revela o quanto a vida no vilarejo é pacata.

Os ingleses estão certos. Nessa singela vila baiana, não há ruas, só estreitos caminhos de areia. De qualquer forma, ninguém sente falta delas, porque não há carros também. Só é possível chegar à região de jangada, depois de atravessar o tal rio que chega à praia. O carro fica em um estacionamento, na outra margem.

Caraíva é um antigo reduto de pescadores, que foi invadido por *hippies* e alternativos. Virou uma alegre mistura das duas coisas. As casas não têm endereço e todo mundo se conhece pelo nome. Não existe caixa eletrônico, muito menos loja de conveniência. Em compensação, o que a região tem de sobra é tranquilidade. Nas pousadinhas distribuídas à beira-mar, dorme-se com o barulho das ondas e acorda-se com o som dos passarinhos. E não há nada melhor a fazer por lá a não ser curtir aquela paz toda. Dá até para se esquecer da vida.

É difícil até saber qual é o dia da semana, pois, naquele fim de mundo, todos são iguais. Uma segunda-feira em nada se difere de um sábado, embora, no verão e nos feriadões, a vila se transforme completamente. Enche de gente. Mas a praia é longa, bem longa e, por isso, ninguém fica se esbarrando. A faixa de areia parece estar sempre vazia, embora a maioria do pessoal goste mesmo de curtir a praia na "barra", onde o Rio Caraíva encontra o mar.

De lá, pode-se pegar um barco e chegar a um dos lugares mais inesquecíveis do planeta: Corumbau. O lugar, lindo de morrer, é marcado por uma ponta saliente de areia que, na maré baixa, penetra mar adentro por

Corumbau

MAPA
Nordeste

Caraíva e Corumbau ficam a pouco mais de 200 km ao sul de Porto Seguro, na Bahia.

Caraíva (ao lado) é uma vila moldada por pescadores e hippies, o que não poderia gerar um ambiente mais calmo; Corumbau (abaixo) é isolada e fascinante

quase 1 km, como uma passarela. O caminho termina a um pulo das belíssimas piscinas naturais, o que faz da paisagem local uma das mais bonitas do mundo. Para chegar a elas, basta contratar um passeio de barco na vila de pescadores e navegar por alguns minutos.

A exclusividade de Corumbau, situada a quatro horas de carro de Porto Seguro ou meia hora de avião, atraiu algumas pousadas de luxo, muito visitadas por chiques e famosos. Apesar disso, a vila não perdeu seu ar rústico, da mesma forma que ocorreu com a vizinha Caraíva. Ao longo da praia, há apenas barcos de pesca e algumas poucas barracas para comer um peixe frito pescado quase na hora. É o lugar ideal para fazer o que todo turista mais gosta nas férias: nada.

Morro de São Paulo

Dica: ***Lá para o final da tarde, na volta da praia ou dos passeios de barco, junte-se à galera no mirante do Forte ou no Morro do Farol para assistir ao pôr do sol de Morro. É inesquecível***

Morro de São Paulo, a ilha mais badalada da Bahia, não é exatamente um "lugar família". Embora as pazinhas e castelinhos de areia sejam bem comuns, quem prevalece por lá é o público jovem, interessado em curtir a combinação de praia durante o dia e festas à noite. Por isso, o movimento à beira-mar começa tarde, só depois que a galera se recupera da balada do dia anterior.

As praias do pedaço têm nomes fáceis: Primeira, Segunda, Terceira, Quarta e Praia do Encanto, teoricamente a Quinta. A Primeira, apesar da proximidade com a vila, não é a mais agitada. É frequentada pelos malucos que se aventuram na tirolesa, que parte do alto do Morro do Farol e termina nas águas que banham a faixa de areia, a 400 metros de distância. Os costões oferecem excelentes pontos para mergulho livre.

A Segunda, por sua vez, é onde rola a badalação. Tem faixa de areia larga e concentra barracas e restaurantes que colocam mesas e espreguiçadeiras disputadas a unha pelos banhistas. Os garçons não param no vaivém para não deixar ninguém esperando muito tempo por outra água de coco, enquanto a molecada nativa escolhe um lugar perto de um grupo de estrangeiras loirinhas, para brincar de dar saltos mortais e dançar *black music*. É a praia da paquera, do volêi, do futebol e do frescobol. À noitinha, os restaurantes enfeitam as mesas com velas e tocam música ao vivo. É lá que Morro de São Paulo acontece nas madrugadas, com luaus e festas que só terminam com o sol alto no horizonte.

No final da faixa de areia, o ilhote chamado de Ilha da Saudade dá acesso à Terceira Praia, bem mais vazia. É

Peixinhos na
Quarta Praia

Ao lado, a Segunda Praia, vista do Morro do Farol: é o lugar mais agitado de Morro, ao contrário da pacata Terceira Praia (abaixo)

dali que saem os barcos que fazem passeios para Boipeba, ilha que cresceu na cola de Morro. A Terceira Praia tem trechos com muitas pedras, que ficam à mostra na maré baixa. Ali, está um dos melhores *points* de *snorkeling* da região: a Ilha do Caitá, um banco de areia cercado por corais que fica a cerca de 300 metros da praia. Dá para ir nadando na maré baixa, quando o mar fica calmo feito piscina, ou alugando um caiaque.

A Quarta Praia, por sua vez, é considerada uma das mais belas do Brasil, com uma grande barreira de arrecifes que forma inúmeras piscinas naturais na maré baixa. Logo no início, há uma bandeirinha sinalizando o trecho das piscinas e quiosques de aluguel de máscaras e *snorkel*. Mas não se contente em mergulhar só na primeira piscina, onde a maioria dos banhistas fica concentrada. Explore outras mais distantes, algumas com cardumes inteiros para ver, já perto da Quinta Praia, ainda mais isolada e selvagem.

Moreré

Você desce do barco, cumprimenta, de leve a rodinha de três ou quatro pescadores à beira da praia, agradece o menino que vem se oferecer para ajudar a carregar sua bagagem e caminha não mais que cinco minutos até a pousada, onde passa o resto do dia de papo para o ar, só curtindo aquela paz toda. Pronto! Não precisa de mais nada. No dia seguinte, todo mundo já sabe que você chegou, onde está hospedado e até quem você é! Em Boipeba, ilha vizinha à badalada Morro de São Paulo, na Bahia, é assim. Mas não interprete isso como algo ruim. É que a vila é tão pacata que a chegada de um novo visitante é, quase sempre, o principal assunto do dia entre os locais. Quando não o único. Já para quem chega, há muito que falar, ver e suspirar, como ocorre com quem visita Moreré, a praia mais bonita do pedaço.

Com extensas piscinas naturais, que se enchem de peixinhos na maré baixa, a faixa de areia tem cenários de cair o queixo. A luz do sol, que ali brilha generosa desde as cinco da manhã, faz com que a água se aqueça, e as tais piscinas ficam ainda mais convidativas. Só se chega até elas de barco, mas já dá para começar a curtir o mar no raso mesmo. Bastam alguns passos para encontrar os tanques formados pelos recifes espalhados ao longo da costa. Pode esquecer o guarda-sol porque, ali, quem faz sombra são as amendoeiras. Por isso, quem entra na água não consegue mais sair. O único apelo suficientemente forte são as moquecas de camarão com banana servidas nas barracas em frente à praia.

Dica: ***Caminhe até a semideserta Praia de Bainema que, na maré baixa, também forma piscinas naturais. O mar é esverdeado e quase não há ondas por causa da presença dos recifes***

Há duas maneiras de chegar a Moreré: por terra e pelo mar. O primeiro trajeto é mais típico, já que a caminhada se dá à beira-mar a partir de Boca da Barra, uma das poucas praias com infraestrutura turística da ilha. O percurso dura, em média, uma hora. Os mais preguiçosos podem seguir em tratores – já que, por lá, não há circulação de carros ou motos – que ligam a Velha Boipeba, onde se concentra a maior parte das pousadas, a Moreré por dentro

Passeio de barco às piscinas naturais

Como é difícil chegar lá, a praia está sempre vazia, sem um guarda-sol sequer, pois quem faz sombra na areia são as amendoeiras

da ilha, enquanto as outras praias podem ser conhecidas separadamente. Mas aceite a sugestão e faça um esforço para ir andando. Vale muito a pena. Quer ver?

Ao sair de Boca da Barra, chega-se, depois de 25 minutos pela Trilha do Outeiro, à Praia de Tassimirim, onde já aparecem as primeiras piscinas naturais que, apesar de rasas, são ótimas para banho. Depois, caminhe mais cinco minutos até chegar a Cueira, outro cartão-postal da ilha. Logo adiante, você avistará o Rio Oriti, seguido pela Fazenda Boipeba, que, finalmente, dá acesso a Moreré. Ou seja, em vez de uma, você ganha várias praias de presente.

Pelo mar, por sua vez, chega-se à praia em passeios de barco que podem ser contratados em Boca da Barra. O trajeto começa sempre por volta das 8h, quando a maré ainda está baixa, e inclui uma visita à intocada Ponta dos Castelhanos, no sul de Boipeba. Palco de muitos naufrágios desde a época colonial, a região é considerada pelos pescadores um santuário submarino.

MAPA
Nordeste

Moreré fica em Boipeba, no município de Cairu, a 340 km de Salvador.

Mangue Seco

Dica: ***Há muitas praias que merecem ser visitadas ao sul de Mangue Seco, entre elas as de Massarandupió, vilarejo que lembra uma cidade de faroeste. Tem uma reta só com casinhas dos dois lados e uma praia linda. Outra boa surpresa é a Barra do Itariri, em Conde. O vilarejo é pequeno e sem graça, mas a praia... O trecho mais bonito fica na foz do Rio Itariri, que faz uma curva antes de desaguar manso no mar***

Ao viajar pelo litoral norte da Bahia, a praia que fica para trás deixa sempre a sensação de ter sido a melhor da viagem. A dúvida, porém, acaba quando se conhece Mangue Seco, o ponto alto da Costa dos Coqueiros, trecho que começa em Salvador e segue por 250 km pela Estrada do Coco e pela Linha Verde (na realidade, a estrada é uma só, conhecida como BA-099, que muda de nome após a Praia do Forte), até chegar a esta idílica região situada na divisa com Sergipe.

Mangue Seco fica escondido entre a foz do Rio Real e um inesquecível conjunto de dunas. O lugar saiu do esquecimento quando a TV Globo resolveu transformar em novela o romance *Tieta do Agreste*, escrito por Jorge Amado, em 1977, e foi até lá gravar algumas cenas. De um dia para o outro, a novela, de 1990, fez com que chovesse turistas na pacata região. À época, não havia água encanada nas casas, muito menos pousada e restaurante. Apenas alguns moradores viviam da pesca na região.

A gravação do filme *Tieta*, de Cacá Diegues, com Sônia Braga e Raul Julia, em 1991, rendeu fama internacional ao povoado. Não demorou para que gringos-mochileiros começassem a chegar. Nem isso, porém, fez com que Mangue Seco perdesse o astral original. A velha e boa dificuldade de acesso até lá, que se dá apenas de barco a partir de Pontal (para quem vem de Salvador) ou de Lagoa do Mato (para quem vem de Aracaju), evitou a invasão do turismo e o inchaço do povoado.

Com o passar dos anos, o que aconteceu foi justamente o contrário, Mangue Seco ganhou algumas pousadas, é verdade, mas simplesmente diminuiu de tamanho por conta de caprichos da natureza. As águas do Rio Real subiram tanto que cobriram algumas ruas, enquanto as dunas espremeram o vilarejo do outro lado, até engolirem uma fileira de casas. Por causa disso, a região parece ter parado

Cenário
de *Tieta*

Passeio de bugue leva às dunas, encaradas pela galera com uma prancha de madeira; ao lado, a praia que "mora" sozinha, a 2 km do povoado

no tempo. É difícil acreditar que ainda exista um lugar assim no litoral do Nordeste. Limpo, bonito, natural, tranquilo.

A pequena vila tem ruas de areia, e as antigas casas de alpendre ainda resistem ao progresso. O único movimento é dos bugues, que fazem passeios com os turistas pelas dunas e o leva e traz para a praia, que fica a 2 km do povoado. O passeio pelas dunas, por sinal, é a melhor forma de conhecer as paisagens divulgadas por *Tieta* e companhia. Outro trajeto legal interessante é feito por escunas, que navegam pela região em roteiros de quatro horas. O programa inclui uma parada na Ilha da Sogra e segue costeando a extensa faixa de areia da região.

Mangue Seco só não é indicada para quem gosta de agito. Não há muito o que fazer por lá à noite, a não ser apreciar a lua e as estrelas. Não tem barzinho com música, o que faz com que a maioria dos visitantes fique apenas dois ou três dias por lá, sempre acordando cedo. De certa forma, isso também ajuda a manter o clima de paz. Aliás, é melhor que continue assim.

Praia do Forte

Dica: ***Dois dos melhores resorts pé na areia do Brasil ficam na Praia do Forte. Um é o Tivoli Ecoresort Praia do Forte, que tem um lindo coqueiral, piscina com borda infinita e fica a um pulo da vila. Outro é o Iberostar, que engloba dois empreendimentos vizinhos com ótimos conjuntos aquáticos, sistema* all-inclusive *de alimentação e opções de lazer acima da média***

Não é por acaso que a Praia do Forte é uma das vilas litorâneas mais badaladas da Bahia. Lá, há boas pousadas, resorts, restaurantes deliciosos e um invejável sentimento de preservação ambiental. A região, situada ao norte do Estado, cresceu sob a bandeira da ecologia, seguindo regras impostas pelo antigo "dono" da praia, o empresário Klaus Peters, paulista descendente de alemães que comprou todas aquelas terras na década de 1970, e cuidou para que o turismo fosse implantado de forma coerente.

Uma dessas regras proíbe que qualquer construção ultrapasse a altura dos coqueiros. Outra, impede o uso de letreiros luminosos no comércio e de frente para a praia, a fim de não afugentar as tartarugas marinhas, que colocam seus ovos na areia. Afinal, o local é o maior berçário desses animais na costa brasileira. É lá, inclusive, que fica a sede do projeto Tamar, uma das principais atrações de quem visita a Praia do Forte.

A consequência de todos esses cuidados é um lugar charmoso e muito especial, com uma incrível harmonia entre a comunidade local e os turistas, que vão de famílias a casais de namorados e estrangeiros. Todo mundo tem espaço de sobra para curtir os quase 12 km de extensão e a grande barreira de arrecifes que, na maré baixa, represa água formando piscinas naturais.

A 1 km do centro da vila, estão as piscinas do Papa Gente, com até 6 metros de profundidade. A dica é seguir para lá logo de manhã e mergulhar com máscara e *snorkel*. A sensação é de estar dentro de um aquário, tal a quantidade de peixinhos coloridos que vivem por lá.

Curiosamente, a Praia do Forte ganhou esse nome por causa de uma construção histórica, o Castelo de Garcia D'Ávila, a primeira grande obra portuguesa em solo brasileiro, erguido em 1551. O mais interessante é que o

Resort à beira-mar

A Vila da Praia do Forte (abaixo) é tão charmosa quanto a praia, cuja preservação ambiental se mantém mesmo depois da fama

castelo não era um forte, mas sim a casa do próprio D'Ávila, o primeiro grande fazendeiro do Brasil. Reza a lenda que foi dele a brilhante ideia de trazer coqueiros da Ásia para o País. A árvore se adaptou tão bem ao clima tropical que acabou virando o símbolo do Nordeste. Quem quiser pode visitar as ruínas do castelo, que permanecem bem conservadas.

Ademais da praia em si e do interessante Garcia D'Ávila, o charme da vila está concentrado na Av. Antônio Carlos Magalhães, que de avenida mesmo não tem nada. É mais um calçadão fechado para carros e local onde se concentra a maioria dos restaurantes e lojinhas da região.

Além disso, a partir da Praia do Forte é possível visitar Imbassaí. Situada 10 km ao norte, a vila consegue a proeza de ser ainda mais bonita que a vizinha. O cenário é mais ou menos o seguinte: de um lado, um rio de águas mansas e limpas; do outro, o mar de ondas fortes. No meio, vê-se apenas a faixa de areia com várias barracas que vivem à sua espera.

MAPA
Nordeste
A Praia do Forte fica a 90 km ao norte de Salvador, capital da Bahia.

Arembepe

Dica: ***Visite a base do Projeto Tamar situada em Arembepe. A melhor época é setembro, quando tem muita desova de tartarugas na praia***

Em tupi-guarani, Arembepe significa "aquilo que nos envolve". Ao chegar lá, você vai entender por quê. Localizada a 50 km de Salvador, a praia fica em uma vila onde o tempo parece andar em outro ritmo, ideal para descansar em uma pousadinha à beira-mar, só ouvindo o barulho das ondas e do coqueiral balançando ao vento. O sossego é total e parece te abraçar, pelo menos até o final de semana, quando chegam os ônibus de excursão vindos de Salvador e a vila fica um pouco mais animada. Mas só um pouco, nada que atrapalhe o clima de paz e amor.

Arembepe ficou conhecida por abrigar a mais autêntica aldeia *hippie* do Brasil, surgida no final dos anos de 1960, quando os primeiros bichos-grilos começaram a chegar por lá e foram ficando. Afinal, por que ir embora de um lugar como este, com uma belíssima faixa de dunas e coqueiros separando o mar de uma lagoa? A passagem de artistas como Gilberto Gil, Caetano Veloso e Raul Seixas fez crescer ainda mais a fama da aldeia. Até a lendária americana Janis Joplin passou uma temporada em Arembepe e, segundo relatos, teria se apaixonado por um pescador chamado Suíca, que já morreu.

Na aldeia *hippie*, as simpáticas casas são feitas de madeira ou barro, com cobertura de palha e estão a 1 km do centrinho da vila, espalhadas pelas curvas de uma lagoa, situada no canto esquerdo da praia. Os turistas podem visitar a comunidade Paz e Amor, que tem um centrinho de artes, onde os artesãos expõem seus trabalhos. Se você chegar numa boa, será bem recebido e poderá ouvir alguns "causos" psicodélicos de outrora. Caso se empolgue, dá até para alugar uma casa na aldeia. As opções são bem rústicas, com iluminação à base de lampiões a gás e banheiro sem chuveiro quente, o que não faz muita falta no calorão da Bahia. Não deixa de ser uma alternativa, no mínimo, bem diferente de experimentar a sensação de acordar com as galinhas em um lugar onde se pode passar as tardes curtindo o silêncio, ou jogando conversa fora.

Aldeia *hippie*

MAPA
Nordeste
Arembepe fica
a pouco mais
que 30 km de
Salvador, capital
da Bahia.

A praia limitada pelo coqueiral balançando ao vento (ao lado) recebe a visita de tartarugas em setembro

Caso essa não seja a sua pegada, o jeito é se deslocar alguns poucos quilômetros ao norte, seguindo pela Estrada do Coco, até Guarajuba, uma vila de praia que tem a estrutura que falta (ou não!) a Arembepe. O lugar não surgiu de um povoado de pescadores como a maioria das outras vilas litorâneas da Bahia. Pelo contrário, nasceu voltado para o turismo. A praia é repleta de casas de veraneio, condomínios de luxo e alguns restaurantes transados.

A faixa de areia, porém, não é tão atraente como a de Arembepe, mesmo uma sendo continuação da outra. Em compensação, Guarajuba tem muitas barracas com mesinhas e guarda-sóis espalhados pela orla. Alguns turistas passam o dia ali, revezando entre o banho de mar, a caminhada e a cerveja gelada, enquanto outros ficam pulando entre uma e outra praia vizinha, curtindo a paz de um lado e o charme do outro. Algo que só a Bahia é capaz de oferecer.

Porto da Barra

Dica: ***Ao lado de Porto da Barra, fica a Praia do Farol da Barra. Porta de entrada da Baía de Todos os Santos, tem clima oposto ao da vizinha, já que o mar que a banha é forte e forma ondas excelentes para os surfistas***

Com uma faixa de areia estreita em forma de meia-lua, Porto da Barra é a praia urbana mais famosa de Salvador, capital da Bahia. Cercado por uma muretinha branca, esse trecho do litoral soteropolitano está voltado para o oeste e, por isso, é abençoado pelo sol durante praticamente o dia inteiro. As águas calmas e cristalinas que banham a praia fazem dela o local para banho mais procurado da cidade.

Não é de hoje, porém, que Porto da Barra chama a atenção de quem vem de fora. O local se confunde com a própria história de Salvador, já que foi lá que o navegador genovês Américo Vespúcio fincou a bandeira de posse portuguesa no Brasil, em 1501. Anos depois, em 1549, foi a vez de Tomé de Souza desembarcar e fundar a cidade que se tornou a primeira capital do Brasil.

Por tudo isso, Porto da Barra é guardada e vigiada de perto por diversos fortes, como o de Santa Maria e o de São Diogo. Afinal de contas, para adentrar na Baía de Todos os Santos, era quase obrigatório que os navios passassem por ali. Não à toa, há diversas embarcações vindas da Europa naufragadas na região, como o navio grego Cavo Arthemidis, o galeão português Sacramento, o cargueiro alemão Germânia, o francês Bretanha e o inglês Cape Frio. A paisagem submarina se completa com belíssimos recifes de corais, o que faz do pedaço um paraíso para os mergulhadores.

Tudo isso fica a poucas milhas de um dos maiores símbolos de Salvador, a fortaleza de Santo Antônio da Barra, popularmente conhecida como Farol da Barra. Construído em 1627, a mando do então Governador Francisco Nunes Marinho, o forte foi criado justamente para ampliar a defesa

Vigiada o tempo todo pelo famoso Farol da Barra (abaixo), a histórica praia é a mais procurada pelos soteropolitanos nos fins de semana e feriadões

da cidade contra os corsários. Em seu interior, está instalado o Museu Náutico da Bahia, onde há diversas armas expostas. Além disso, o lugar conta com um bar, de onde se tem uma privilegiada visão panorâmica de Salvador. Deixe para ir lá no final da tarde para curtir a deslumbrante paisagem local, enquanto o astro se põe e o dia se despede.

Mais que histórica, Porto da Barra é uma praia cercada de música, cultura e sexualidade. Era lá que, nos anos 1970, reunia-se boa parte da contracultura brasileira, formada por *hippies* e tropicalistas. "Domingo no Porto da Barra, todo mundo agarra, mas não pode amar", já dizia Caetano Veloso na canção *Qual é, baiana?*, feita em parceria com Moacir Albuquerque. Desde então, o lugar se tornou um dos preferidos de nativos e turistas para a paquera. Tanto que é um dos *points* mais concorridos do famoso Carnaval de Salvador.

NOVA SCHIN

Baía dos Golfinhos e Madeiro

Dica: ***Faça um passeio até a vila do Sagi, na divisa com a Paraíba. O roteiro dura quase um dia inteiro e reserva uma emoção atrás da outra. Durante o trajeto, há de tudo um pouco: mar, dunas, falésias, lagoas e manguezais***

Uma das vilas mais transadas do litoral nordestino tem praia até no nome: Praia de Pipa. O único equívoco é que deveria estar no plural, já que não se trata de apenas uma, mas sim de várias praias delimitadas por imensas falésias avermelhadas. É um dos melhores visuais do litoral brasileiro, onde estrangeiros já se deliciam há muito tempo. Reza a lenda, inclusive, que a vila recebeu esse nome dos primeiros portugueses que ali chegaram, na época da colonização, por causa de um certo morro em forma de barril – "pipa", em português de Portugal. Hoje, o tal monte mudou de nome e é chamado de Morro do Moleque.

A geografia do litoral de Pipa proporciona um detalhe curioso. O acesso a todas as praias rola sempre em grande estilo, do alto, vendo o mar de cima. É preciso descer uma escadaria, de madeira ou escavada na terra da falésia, para pisar na areia lá embaixo. É o que ocorre, por exemplo, na Baía dos Golfinhos, praião deserto com falésias tão íngremes que parecem cortadas por fio de navalha. A única estrutura por lá são poucos guarda-sóis e cadeiras, tudo bem espalhado para que o visitante encontre o clima de exclusividade que rogou aos deuses.

A Baía dos Golfinhos tem hora certa para ser visitada, pois o acesso a pé é possível somente durante a maré baixa, já que algumas pedras dificultam a passagem quando o mar sobe. Nos finais de tarde, é bem comum avistar golfinhos nadando próximos à praia. Esses simpáticos mamíferos marinhos são os moradores mais ilustres de Pipa e viraram até símbolo local.

Para muitas pessoas, só há uma praia tão bonita quanto a Baía dos Golfinhos em Pipa: Madeiro. Há várias

Baía dos Golfinhos

Quando a maré sobe, não dá mais para visitar a Baía dos Golfinhos (ao lado); aí, a dica é seguir para Madeiro (abaixo)

maneiras de chegar lá, caminhando por cerca de uma hora desde a Praia do Centro no horário da maré baixa, de táxi, ou seguindo pelas trilhas do Santuário Ecológico, reserva florestal que oferece 12 caminhos pela mata e diversos mirantes naturais. Também dá para ir de barco, em um passeio que ninguém deve perder. O roteiro começa na Praia do Centro e segue até a foz da Lagoa Guaraíra, em Tibau do Sul. Existem desde lanchinhas pequenas para poucas pessoas até grandes escunas, com frutas a bordo e axé rolando no volume máximo. Escolha o que melhor combina com seu estilo.

Frequentemente, é possível avistar golfinhos nadando próximos à areia da Praia do Madeiro. Os animais chegam aos finais de tarde para banquetear com algum cardume de peixes e fazer a festa dos turistas.

Praia do Amor

Dica: ***Pipa tem pousadas ótimas, como a belíssima Toca da Coruja e a minimalista Kilombo Villas, que não se contentam em oferecer apenas uma hospedagem ou uma simples refeição, mas sim uma experiência cheia de charme. Combina na medida certa com a Praia do Amor***

Pipa, no Rio Grande do Norte, é um lugar famoso pela badalação, alta gastronomia e azaração que rola de dia, nas faixas de areia, e à noite, nas inúmeras baladas que se espalham pela vila. Para quem viaja para lá com essa pegada, não há lugar melhor para se hospedar que a Praia do Amor, dona não só de um nome sugestivo, como também das barracas mais descoladas da região.

Esta faixa de areia é o *point* dos surfistas e da galera do kitesurfe (pranchas puxadas por pipas). Há, inclusive, instrutores de plantão para quem deseja se arriscar em um desses esportes durante a viagem e, sabe como é, chamar a atenção das gatinhas ou gatinhos na areia, que não cansam de jogar conversa fora e curtir o visual da galera no mar.

No final da Praia do Amor, há uma escadaria na terra avermelhada que leva até um platô no alto da falésia. Esse lugar recebe o nome de Chapadão e está para Pipa assim como a grande duna está para Jericoacoara, ou o Cristo Redentor para o Rio de Janeiro.

Ninguém deixa de ir até lá para curtir a paisagem e tirar as melhores fotos da viagem. Nem os carros e bugues atrapalham o espetáculo. Afinal de contas, lá em cima, com uma dose de boa vontade é possível descobrir porque a praia ganhou seu singelo nome. A areia branquinha em formato curvilíneo, banhada pelo mar cristalino e limitada pelo verde que abençoa o Rio Grande do Norte, parece formar o desenho de um coração.

Com um pouco de disposição, dá para partir da Praia do Amor rumo a outras belas faixas de areia de Pipa, entre elas, a do Meio e a das Minas, bem mais desertas que a vizinha famosa e, por isso, preferidas das gringas

Praia cercada
por falésias

O esquema é descolar um guarda-sol (abaixo) para ver a galera praticando esportes ou apenas curtir a apaixonante beleza natural da Praia do Amor

que gostam de fazer *topless*. Dali em diante, são cerca de 3 km de areia sem uma alma viva, até a vizinha vila de Sibaúma. O lugar é lindo, mas percorrer todas essas praias exige pernas fortes.

Se não for o seu caso, evite, mesmo porque, no fim da noite, tem balada garantida. Logo depois do jantar, a galera começa a se juntar nos bares para o "esquenta" da animada balada de Pipa. Muita gente sai de Natal, João Pessoa e Recife para curtir as noites de sábado e os feriadões na vila, o que justifica a quantidade de carros com placas dessas capitais circulando pelas ruas. Vez por outra, rola luau na praia e tudo mais. Isso sem falar nas casas de forró, onde a balada segue quente e só acaba de manhã com o sol alto no horizonte, fechando uma combinação de fatores que fazem de Pipa e sua Praia do Amor um lugar, no mínimo, apaixonante.

Galinhos

Dica: ***A Pousada Oásis, de um casal de portugueses, é uma das melhores de Galinhos. Tem bons chalés, deque de madeira na piscina, sauna, ofurô e sala de massagens. Outra boa opção é a Pousada Brésil Aventure, à beira-mar***

O asfalto novinho da rodovia que leva a Galinhos termina em um estacionamento. Ali, você deixa o carro, pega um barco e atravessa o rio (na realidade, um braço de mar) para chegar a um dos vilarejos mais intactos do litoral do Nordeste, localizado na ponta de uma península de areia, a 200 km ao norte de Natal, no Rio Grande do Norte.

Também é possível ir até lá em bugue ou em veículo 4x4 que, na maré baixa, saem de Caiçara do Norte e rodam pela praia. Ou seja, não é muito fácil chegar a Galinhos e, por isso, pouca gente vai. Mas quem tem disposição raramente se arrepende. Galinhos tem dunas, lagoas e muita paz. É para quem gosta de natureza e quer sossego.

Na vila, vivem cerca de 2 mil pessoas. O único movimento nas poucas ruas, metade delas ainda de areia, é de carroças que servem de táxi para os turistas que chegam. O "motorista" vai jogar uma conversa, dizer que a pousada fica distante. Serão, no máximo, meia dúzia de quadras para caminhar, mas como a voltinha custa menos de R$ 5, todo mundo acaba topando.

Há bem poucas pousadas na vila, muitas delas sem chuveiro de água doce, porque a água que brota do solo de Galinhos é salobra e nem espuma faz. Todas as opções de hospedagem do lugar, porém, compensam pelo charme rústico, pelos restaurantes que servem deliciosos pratos regionais e pela simpatia de seus donos, que fazem questão de receber de braços abertos quem chega de fora.

Chove muito pouco em Galinhos. A brisa é constante e, quando o sol dá as caras, não há muito o que fazer a não ser curtir aquela paz toda. A praia não tem *jet ski*, *banana boat*, vendedor ambulante ou avenida beira-mar, afinal, não

Lagoa nas Dunas do Capim

Galinhos fica a 200 km de Natal, no Rio Grande do Norte.

O farol, na ponta da península (ao lado), é o melhor lugar para ver o sol se deitar no mar; abaixo, a imagem do sossego, que reina na região

há carros por lá. A faixa de areia, enorme, está quase sempre deserta, com exceção de domingo, quando os moradores locais e de algumas vilas do interior vão tomar banho de mar, lotando as poucas barracas das redondezas.

No final de tarde, o esquema é caminhar até o farol (uma hora, ida e volta), na ponta da península, para ver o sol se deitar no mar. Depois, procure um dos ex-pescadores locais que se renderam ao ramo turístico e combine com ele, para o dia seguinte, um passeio de barco que passa pelas salinas e termina nas Dunas do Capim. No período de chuvas, entre fevereiro e maio, formam-se pequenas lagoas de água cristalina entre as dunas, que, com o calor do sol, ficam mornas como uma banheira. Se você curte praia vazia e um lugarejo onde, no segundo dia, todo mundo vai te chamar pelo nome, com certeza irá gostar de Galinhos.

Ponta do Mel

Dica: ***Evite os passeios de bate-volta para Ponta do Mel. Vá para passar uns dias por lá, mesmo porque existe um bom resort para se hospedar: o Costa Branca***

Pense em uma praia do Nordeste com jeito de paraíso ainda não descoberto. Com uma baía extensa, mar azul, dunas nos arredores, jangadinhas lançando-se ao mar e muitas conchas intocadas na areia... Nesse paraíso, o silêncio é quebrado apenas pelo barulho das ondas e de um ou outro coqueiro despenteando-se com o vento. Não há muvuca, a não ser de um grupo de pescadores batendo uma bolinha lá adiante. Se você acha que isso não existe, saiba que essa imagem tem muito a ver com a Ponta do Mel, o segredo mais bem guardado do litoral do Rio Grande do Norte.

A praia fica a 350 km da capital potiguar, o que é motivo para desencorajar a visita da maioria dos turistas. Há poucos anos, chegar à Ponta do Mel só era possível de barco ou encarando uma aventura digna de rali por uma péssima estrada de terra de 70 km, que começava em Mossoró e passava por Areia Branca. No entanto, desde que asfaltaram a tal estradinha, ficou bem mais fácil ir até lá.

Mesmo assim, a maioria dos visitantes segue nos bugues que fazem o roteiro Natal-Fortaleza (ou vice-versa) e passam muito rapidamente pelo lugar. No máximo, fazem um pernoite e seguem viagem no dia seguinte. O passeio é legal, não dá para negar, mas é pouco tempo para quem realmente deseja curtir a Ponta do Mel.

Além da praia semivirgem, ali perto, mais precisamente a 5 km da vila, estão as espetaculares Dunas do Rosado, o segundo maior conjunto de dunas móveis do Brasil (menor apenas que os Lençóis Maranhenses). O deserto de areia se estende por quase 20 km, acompanhando a praia. O lugar já serviu até de cenário para dois filmes: *Maria, Mãe do Filho de Deus*, com o Padre Marcelo Rossi, e *Irmãos de Fé*, com Tiago Lacerda, ambos dirigidos por Moacir Góes.

A praia fica dentro da chamada Costa Branca, ou Costa do Sal. Dela, dá para ver os navios que carregam sal

A Ponta do Mel marca o encontro do sertão com o mar e tem um dos maiores conjuntos de dunas móveis (abaixo) do Brasil

dos portos de Areia Branca e Macau para o porto-ilha, uma plataforma construída em alto-mar, onde o sal é escoado para navios maiores, que não conseguem navegar nas águas rasas daquele trecho do litoral. O terminal salineiro foi construído nos anos 1970, em uma das mais impressionantes obras de engenharia naval do mundo.

No meio desse fim de mundo, quase nunca chove. A Ponta do Mel marca o encontro do sertão com o mar. Cactos fazem as vezes de vegetação de restinga. Cabras e jegues circulam livres pela praia, sobrevoados por carcarás. Nos botecos da vila, o pescador e o sertanejo agricultor entornam juntos umas biritas depois de um dia de trabalho. Provavelmente, nem se dão conta de que vivem em um dos trechos mais inusitados do Brasil.

Genipabu

Dica: ***O passeio a Genipabu costuma incluir uma parada na Lagoa de Pitangui, onde é possível petiscar e beber cerveja com as pernas submersas, pois as mesinhas dos bares ficam dentro da água***

Com ou sem emoção? A pergunta faz parte da tradição dos bugueiros que levam os turistas para galgar as dunas de Genipabu, as mais famosas de Natal. O condutor do valente carrinho só espera uma palavra sua. Se responder "com", eles fazem das montanhas de areia uma espécie de montanha-russa natural. Para quem opta pelo "sem", a paisagem, o vento no rosto e o teto naturalmente solar do bugue podem ser melhor apreciados – e você não arrisca a coluna.

Andar pelas dunas de Genipabu é o passeio mais manjado de Natal, o que não quer dizer que seja desinteressante. É mais fácil, e compreensível, um turista não conhecer a própria capital potiguar que perder Genipabu. Oficialmente, as tais dunas da emoção ficam no município vizinho de Extremoz, localizado bem pertinho de Natal, depois da famosa Ponte da Redinha.

Genipabu é uma espécie de parque de diversões de areia. Tem, no mínimo, o conjunto de dunas mais original do Brasil, pelo menos depois que um suíço resolveu importar dromedários com o objetivo de fazer passeios com os turistas. Sacolejar em cadeirinhas, ao lado da corcova do bicho, vestindo turbante de beduíno, virou programa típico de quem vai a Natal. É pagar o maior mico, sem dúvida, mas pelo menos garante risadas.

Foi na região das dunas de Genipabu que surgiu também o esquibunda, mistura de brincadeira de criança com esporte radical, que consiste em deslizar na duna sentado numa pranchinha. Fica ainda melhor se tiver água no final, para a descida terminar em um banho refrescante.

O esquibunda virou atração e depois foi proibido, já que as dunas não estavam suportando tantas bundas. Surgiu então o aerobunda, no qual a pessoa vai sentada numa cadeirinha e desliza por uma corda, sem encostar na areia, caindo direto na água da lagoa, lá embaixo.

"Balsa" que leva o bugue às dunas

MAPA
Nordeste

Genipabu fica em Extremoz, a 25 km de Natal, capital do Rio Grande do Norte.

Passear à la beduíno em dromedários é um dos micos do passeio; ao lado, as dunas que despencam no mar e formam a paisagem mais famosa de Genipabu

Essa invenção surgiu um pouco mais adiante de Genipabu, mais precisamente em Jacumã, e deu tão certo que passou a fazer parte de todos os roteiros realizados na vizinha famosa. Em Jacumã, existem barracas onde se pode bebericar e comer espetinhos de camarão e lagosta a preços camaradas. O mais curioso foi a solução que os nativos inventaram para trazer as pessoas de volta ao ponto de partida do aerobunda, sem que ninguém precise colocar os bofes para fora escalando a duna. Basta sentar-se tranquilamente em um banquinho para ser puxado para cima por uma engrenagem adaptada com o motor de um fusquinha.

Tambaba

Dica: ***Tambaba fica pertinho de João Pessoa, onde todo santo dia, desde 2000, centenas de pessoas se acomodam em restaurantes na Praia do Jacaré, à beira do Rio Paraíba, para ouvir o músico Jurandy do Sax interpretar o* Bolero de Ravel*, enquanto o sol se despede atrás da Ilha das Andorinhas***

A maior joia do litoral da Paraíba atende pelo nome de Tambaba, em cujo trecho mais bonito da praia, que compreende 400 metros, só se pode entrar sem roupa. Isso mesmo, biquínis e maiôs ficam de forra. Malandrões também. Nem adianta querer dar só "uma espiadinha", pois há dois postos de fiscalização da Sonata, a Associação de Naturismo de Tambaba, com ficais bem rígidos. Não tem brecha, pois um fica no começo e outro no final da trilha de três minutos que leva até a área reservada ao naturismo.

Reza a lenda que o nome da praia surgiu de uma bela índia que morava na região, chamada Tambaba. Ela teria se apaixonado por um guerreiro de outra tribo, o que causou a ira de seu pai, um cacique respeitado. Apavorada com a impossibilidade de viver feliz, Tambaba teria chorado rios de lágrimas que inundaram as terras secas daquele trecho do litoral paraibano e a transformaram numa bela praia, banhada por águas com ondas mansas embaladas pelo seu soluço. Incrédula com o feito, a índia teria suplicado aos deuses para que transformassem aquele lugar em um templo do amor, e suas preces foram atendidas.

Contos à parte, o que se sabe de verdade é que Tambaba foi a primeira praia de nudismo do Brasil. Por isso, até hoje é a mais famosa do gênero, tanto que serve de palco para uma série de encontros e congressos naturistas, inclusive internacionais.

Ganhou esse caráter em 1991, a partir da visão turística de um homem chamado Aluízio Vinagre Regis, então ex-prefeito de Conde, município ao qual a faixa de areia pertence oficialmente. Desde então, é todo mundo nu, mas há regras. Homens desacompanhados (de mulheres, vale lembrar), máquinas fotográficas e filmadoras não podem entrar em Tambaba. Por isso, só se vê casais como Adão e Eva circulando sem o menor estresse por um cenário que parece o próprio paraíso. As pedras escuras num canto onde há piscinas e os coqueiros que se descortinam sobre uma falésia fazem dela uma das praias mais idílicas do Brasil.

Primeira praia de nudismo do Brasil

MAPA
Nordeste

Tambaba fica em Conde, a 30 km de João Pessoa, capital da Paraíba.

As falésias (ao lado) e os coqueiros (abaixo) protegem a praia de olhos mais afoitos; para os mais conservadores, há uma faixa de areia à parte

A sorte dos mais conservadores é que Tambaba não se resume inteiramente ao nudismo. Uma parte da faixa de areia, ainda que bem pequena, é liberada ao público em geral. Um matagal separa os peladões dos vestidões. E do lado, digamos assim, mais conservador da brincadeira, há até criancinhas fazendo castelos de areia, em um clima que até os mais puritanos aprovariam.

Enquanto isso, os mais liberais que cansarem dos belos (ou nem tão belos) corpos que circulam pela ala naturista da praia podem caminhar tranquilamente até Coqueirinho e Tabatinga, onde o trio de areia branca, mar verde e coqueiros vem acompanhado de um silêncio energizante, típico do estonteante litoral paraibano.

Alter do Chão/Pará

Norte

Alter do Chão

Dica: ***Durante o Sairé, a praça ao lado do Sairódromo fica tomada de barracas de palha e mesas, que servem lanches e bebidas. Depois da meia-noite, o carnaval de rua toma conta do ambiente e a paquera rola solta entre caboclas e homens-boto***

Qual é a praia mais bonita do Brasil? Perguntinha difícil... O litoral brasileiro tem 7.367 km de extensão. É repleto de prainhas e praiões de todos os tipos. Mas para o jornal inglês *The Guardian*, a mais bela faixa de areia do País nem fica no litoral. É uma praia de rio, fincada no coração da floresta amazônica, na pouco conhecida Alter do Chão, pequena vila à margem do Rio Tapajós, a 32 km de Santarém, no Pará.

"Alter do Chão é a resposta da floresta ao Caribe", escreveu o correspondente Tom Phillips na reportagem inglesa que apontou as dez faixas de areia mais deslumbrantes do País. Foi uma surpresa. Pouquíssimos brasileiros sabem o que o lugar tem de tão especial para desbancar os mais célebres "paraísos" da costa brasileira.

Tudo se deve ao Rio Tapajós, um dos maiores afluentes do Amazonas. Nos períodos de seca, entre agosto e dezembro, o curioso fenômeno da vazante faz o nível da água do rio baixar em aproximadamente dez metros, emergir, ao longo de suas margens, centenas de praias de areia fofa, branquinha, com água azul e cristalina, e que, pensando bem, justificam a inusitada escolha do jornal inglês.

Alter do Chão, por enquanto, tem fama apenas regional. Os visitantes são quase todos moradores da vizinha Santarém e de outras cidades próximas, que fazem passeios do tipo bate-volta nos finais de semana. Talvez isso mude um pouco daqui para frente. Primeiro, porque o mundo ficou curioso para conhecer os encantos desta vila do Tapajós, que tem o mesmo nome de uma cidade portuguesa do Alentejo. Segundo, porque chegar até lá não é tão complicado quanto parece.

Plantada no âmago da floresta amazônica, apenas uma hora de carro a separa de Santarém, onde fica o aeroporto mais próximo. O maior inconveniente é ter de tomar um

Praia fluvial

MAPA
Norte

Alter do Chão fica a 32 km de Santarém, no Pará.

A floresta amazônica esconde uma praia de areias brancas, falésias (abaixo) e águas límpidas, que derrubou o queixo dos ingleses

voo de conexão em Manaus ou Belém. Outra alternativa é seguir pela BR-163, a Cuiabá-Santarém, única grande rodovia que liga a segunda maior cidade do Pará ao restante do País. O caminho, porém, é muito longo e inviável para quem sai do Sudeste ou do Sul do Brasil.

Mas quem consegue chegar lá se dá bem, sobretudo quando descobre que os botos, moradores mais ilustres de Alter do Chão, podem ser vistos quase todos os dias nadando perto das praias. Os simpáticos primos dos golfinhos ganham destaque nos dias de Sairé, uma das mais famosas festas folclóricas da Amazônia. Nessa espécie de festival de Parintins do Pará, as agremiações de botos Tucuxi (cinza) e Cor-de-rosa fazem as vezes dos bois Garantido e Caprichoso. Durante os cinco dias de Sairé, Alter do Chão ferve de gente e vive um clima de carnaval fora de época, que sempre coincide com o início da temporada de praias na primeira quinzena de setembro.

Maresias/São Paulo

Sudeste

Copacabana

Foi-se o charme de antigamente, mas Copacabana dificilmente perderá a fama de ser a praia mais emblemática do Rio de Janeiro. Afinal de contas, caminhar pelo calçadão de pedras portuguesas em preto e branco, desenhadas por Burle Marx, é uma experiência única e absolutamente imprescindível para quem gosta de viver numa boa. Ademais, a faixa de areia é o *point* dos principais eventos da capital fluminense, com exceção do Carnaval. Perto do Leme, ao lado esquerdo de quem olha para o mar, são montadas arquibancadas, palcos e raias para megashows e campeonatos de vôlei, futebol e natação. No Réveillon, quase 2 milhões de pessoas lotam as areias para acompanhar a tradicional queima de fogos.

Mas não é preciso esperar um acontecimento importante para curtir Copa, como é simpaticamente chamada. Um simples passeio pela região, em qualquer dia do ano, mostra que a praia acolhe a mais variada e cosmopolita "fauna humana" da cidade. Tomando sol, bebendo nos quiosques ou caminhando à beira-mar, estão aposentados, adolescentes, garotões *pitboys*, gays, milionários, e outros nem tanto. Como se não bastasse, a praia é muito procurada por estrangeiros.

***Dica:* Experimente um dos diversos rodízios de petiscos servidos nos bares e restaurantes da Av. Atlântica, em frente à praia. Só não vá sozinho, pois vem comida a rodo**

Por isso, não faltam bons hotéis por lá, entre os quais se sobressai o belíssimo prédio do Copacabana Palace, construído em 1923, no clássico estilo Luís XV. O hotel foi um marco da ocupação do bairro em torno da praia e estimulou a construção de muitos outros edifícios modernos em uma área que, antes, funcionava apenas como balneário. No Copacabana Palace, ficam hospedadas as principais celebridades que chegam ao Rio de Janeiro, caso de Mick Jagger e Gisele Bünchen. Prova de que a badalada praia de Copacabana ainda não perdeu a majestade, a despeito da quantidade de garotas de programa no calçadão e nos inferninhos espalhados pelo bairro.

Mesmo com tudo isso, caminhar pela orla da praia é um ótimo passeio e uma oportunidade para ver como Copacabana é grande. Se seguir em direção ao canto esquerdo da praia, vai perceber que os quiosques têm

Praia iluminada

MAPA
Sudeste

Copacabana fica na capital do Rio de Janeiro.

O calçadão desenhado por Burle Marx é famoso em todo o mundo. Abaixo, travessia no canto esquerdo da praia, próximo ao Leme: tradição em Copa

ótima estrutura. Para receber os Jogos Panamericanos de 2007, ganharam ar-condicionado, mesas de metal e banheiros subterrâneos. Essa estrutura deve ser mantida e aperfeiçoada para as Olimpíadas de 2016, já que uma arena será montada na praia. No canto direito, em frente ao Posto 6, a praia tem mar tranquilo e até pescadores. Um clube de carteado funciona em espaço democrático, bem em frente ao Hotel Sofitel.

Ali pertinho, fica o Forte de Copacabana, palco da rebelião tenentista de 1922, conhecida como "os 18 do Forte". Hoje, lugar funciona como museu do exército, que merece ser visitado. Mas melhor que ver os antigos canhões alemães Krupp é provar o *petit gateau* servido na pequena filial da Confeitaria Colombo que funciona lá dentro. Há também mesas externas de onde dá para ver a orla de Copacabana em toda a sua extensão e tirar fotos da famosa curva que caracteriza a, sem dúvida alguma, praia mais representativa do Rio de Janeiro.

Ipanema e Leblon

Dica: ***De Leblon e Ipanema, é possível ir a pé até a Lagoa Rodrigo de Freitas, um dos lugares mais lindos do Rio de Janeiro. Lá, dá para caminhar, pedalar ou petiscar nos diversos restaurantes e bares espalhados em torno da lagoa***

Ipanema, na Zona Sul do Rio de Janeiro, é a praia onde nasceu a bossa nova, ritmo que virou sinônimo do Brasil. Sua faixa de areia divide espaço com Leblon – você passa de uma praia para outra sem nem perceber – e é marcada pela presença da pedra do Arpoador, à esquerda, e pela vigilância contínua do Morro Dois Irmãos, à direita, sem contar com o extenso calçadão que percorre toda a Vieira Souto, a famosa avenida beira-mar da região.

Quem chega a ambas as praias percebe que muita gente bonita as frequenta e que os postos em que elas se dividem são separados por tribos: há faixas de areia para os mais descolados, outras para o público GLBT, para quem quer apenas tomar sol, para os surfistas, e por aí vai. Assim que fizer a escolha de acordo com seu estilo, a dica é alugar uma cadeira e um guarda-sol nas barracas de praia ou sentar em um dos quiosques que se estendem pela orla.

Depois de aproveitar o sol e tomar um banho de mar, vale a pena curtir os estabelecimentos que mais sintetizam o clima de Ipanema: os botequins. Um dos mais procurados do pedaço é o Garota de Ipanema, situado na Rua Vinícius de Moraes, número 49-A, a uma quadra da orla. Foi lá que, em uma época em que o lugar chamava-se Veloso, Vinícius de Moraes e Tom Jobim, frequentadores assíduos do botequim, viram a jovem Heloísa Pinheiro, coisa mais linda, mais cheia de graça, passar num doce balanço a caminho do mar. E assim surgiu a música *Garota de Ipanema*, uma das mais tocadas do mundo.

Ao contrário do que muitas pessoas pensam, porém, o hino máximo da bossa nova não foi escrito no bar, mas perto dali, em um prédio residencial baixo, com apenas quatro apartamentos. Trata-se do número 107 da Rua Nascimento Silva, que Vinícius de Moraes imortalizou no primeiro verso da música *Carta ao Tom*. Quem morava na casa àquela época era o próprio maestro Jobim.

Leblon

Surfistas caminham no calçadão de Ipanema (abaixo). Palco de todas as tribos, a praia divide a mesma faixa de areia com Leblon

No Leblon, por sua vez, há pelo menos dois botecos clássicos que merecem a visita. O primeiro é o Jobi, que ostenta uma chopeira *top* de linha e passa as madrugadas de portas abertas. O outro é o Bracarense, tido pelos *habitués* como o melhor botequim do Rio. Funciona desde 1951, quando era apenas uma portinha que servia refeições para o almoço. Desde sempre, oferece um chope que faz tanto sucesso quanto seus tira-gostos, caso do "Maravilha", uma empada de massa de aipim (mandioca) recheada com camarão e catupiry.

Embebido nesse cenário de pura boemia, o Leblon divide com Ipanema o espaço de convivência predileto das celebridades cariocas. Tanto que, ao bater perna por ambos os bairros, é bem comum encontrar atores, cantores, atletas e escritores tomando sol numa boa. E, diante daquele cenário, não é nada difícil se sentir como um deles.

Caxadaço

Dica: ***Passeios de barco para o Caxadaço e outras praias do lado oceânico de Ilha Grande são oferecidos nos quiosques turísticos da Vila do Abraão. O roteiro intitulado Volta à Ilha é um dos mais completos e interessantes***

Uma praia pequenina em tamanho, mas de uma beleza que não se mede. Assim é Caxadaço, em Ilha Grande, cuja faixa de areia tem módicos 15 metros e não pode ser vista do mar, pois um costão de pedras encarrega-se de mantê-la eternamente escondida da bisbilhotice alheia.

Por conta dessa geografia peculiar, o Caxadaço teve um passado, digamos assim, criminoso. No século 18, foi abrigo de piratas que pilhavam os navios carregados de ouro no trajeto entre Paraty, no Rio de Janeiro, e a Europa. Depois, serviu aos contrabandistas de escravos. Os negros eram desembarcados ali e levados até a Vila de Dois Rios para serem vendidos aos fazendeiros de cana-de-açúcar e café. Alguns trechos do antigo calçamento de pedras, que tem 3 km e foi construído àquela época para ligar a praia ao povoado, ainda resistem ao tempo e dão um caráter histórico à visita ao Caxadaço.

Existem duas maneiras de conhecer a praia, que fica na face da ilha voltada para o mar aberto. A primeira é a partir de uma trilha de duas horas que começa na Vila do Abraão, o lugar mais estruturado de Ilha Grande, e segue até Dois Rios. Depois, é preciso caminhar por mais uma hora pela tal estradinha de pedra até finalmente chegar ao destino final.

Muito mais fácil é seguir pelo mar, já que o passeio mais procurado da região, batizado de Volta à Ilha, tem como primeira parada justamente o Caxadaço. Como o próprio nome sugere, o roteiro consiste em uma volta completa em torno de Ilha Grande, e essa é a melhor maneira de conhecer as praias do lado oceânico, cujo acesso por terra é longo e complicado. É realizado em lanchas rápidas, com grupos de, no máximo, oito pessoas, e dura praticamente o dia todo, pois inclui paradas em diversas outras praias.

Seja qual for o trajeto escolhido, ao chegar ao Caxadaço você irá se deparar com uma praia de areia

Passeio de escuna

MAPA
Sudeste

Ilha Grande fica a uma hora e meia de balsa de Mangaratiba, cidade localizada a 140 km do Rio de Janeiro.

A mistura de tons de verde e azul da água chama a atenção na praia, que não pode ser vista do mar por ficar em um costão cercado de pedras

fina, cercada por rochas delicadamente esculpidas pela natureza. O mar é calmo e mistura todos os tons de verde e azul, mas é a transparência que chama a atenção. Mesmo com a água pelo pescoço, é possível observar os dedos dos pés lá no fundo, como se estivesse em uma piscina. Aqui e ali, colônias de corais e cardumes de peixes podem ser vistos bem de pertinho. Por isso, máscara e *snorkel* são equipamentos essenciais para quem visita o lugar.

Depois do mergulho, já largadão na areia, é possível observar a mata selvagem que envolve a praia, bem como os inúmeros pássaros que vivem por lá, muitos deles bem coloridos. De quebra, um riacho corta a mata e deságua próximo às pedras, formando uma piscina natural de água doce logo ali, a poucos passos da faixa de areia. Se você queria conhecer o éden, já sabe onde ele fica.

Lopes Mendes

Dica: ***As escunas de passeio para Lopes Mendes param na Praia de Palmas, onde começa uma trilha de 20 minutos até a vizinha famosa. Esse é o jeito mais fácil de chegar à praia mais especial da ilha***

Desde que Ilha Grande, no Rio de Janeiro, livrou-se do estigma de lugar maldito e perigoso, após a desativação do presídio Cândido Mendes, em 1994, os turistas não param de chegar. Cada vez em maior número, ávidos por esticar-se com total liberdade em praias que, durante muito tempo, estiveram escondidas do resto do mundo. Uma dessas maravilhas da natureza tem nome e sobrenome. Trata-se de Lopes Mendes, que ostenta o título de praia mais bonita da ilha.

É verdade que essa opinião não é unânime, já que existe, pelo menos, uma dezena de praias incríveis na região, mas o que importa? Lopes Mendes faz jus à fama, tanto que não há quem não fique encantado diante de sua beleza. São 3 km de um praião virgem, de areia branca e firme, sem nada ao redor, a não ser a vegetação nativa. Ela fica no chamado "lado de fora", voltado para o mar aberto, justamente a parte mais selvagem de Ilha Grande.

No canto direito, o mar, cuja transparência chama tanta atenção quanto as variações de tonalidade, chega à costa com ondas bem fortes. Não à toa, há sempre alguém da galera do surfe por lá, faça chuva ou faça sol. Fique esperto na hora de se banhar, pois existem valas e a correnteza pode puxar para uma delas.

Na baixa temporada, informe-se com os vendedores de bebidas quais são os pontos mais seguros para cair na água. Não hesite em seguir as recomendações e respeite a natureza, porque, naquele pedaço, ela merece mais atenção que nunca. Já nos dias de maior movimento, como domingos, feriadões, ou durante o verão, três salva-vidas costumam fazer a ronda no local, para evitar afogamentos.

Para quem curte águas mais calmas, estilo piscininha, a dica é ir para o outro lado da praia, que serve de ancoradouro de lanchas, o meio de transporte mais usado

Lado calmo da praia,
melhor para banho

A galera do surfe (abaixo) é vista em peso em Lopes Mendes, tida por muitos visitantes como a praia mais bonita de Ilha Grande

na ilha. Esse é o melhor trecho de faixa de areia para quem viaja com a família e está a fim de descansar no colo de um dos lugares mais lindos do mundo.

Tão lindo que, desde a colonização do Brasil, já era ocupado por índios. À época, a praia era formada por um grande manguezal, que fornecia muito alimento. Por isso, é comum encontrar vestígios da antiga civilização, que lá viveu em diversos pontos da região, hoje transformada em parque.

Lopes Mendes é uma praia tão especial que até o caminho que leva a ela é inesquecível. Uma trilha parte da Vila do Abraão, a "capital" informal da ilha, e consome duas horas de andança, só na ida. É bem mais fácil ir de escuna, mas os dois mirantes e as duas praias do caminho, Pouso e Palmas, valem cada gota de suor. Lá do alto, todo mundo conclui sem dificuldade que, de amaldiçoada, Ilha Grande não tem mais nada. E já faz tempo.

Aventureiro e Parnaioca

Dica: ***Durante o passeio chamado Volta à Ilha, a lancha que passa pelas praias de Aventureiro e Parnaioca segue para Meros, outra faixa de areia estonteante, onde é possível mergulhar com snorkel em meio a peixes, arraias e, com sorte, tartarugas***

As praias mais bonitas de Ilha Grande, no Rio de Janeiro, ficam na face da ilha voltada para o mar aberto, cujo acesso por terra é longo e complicado. É exatamente essa dificuldade de chegar lá, porém, que as mantém longe da especulação imobiliária; mas não dos visitantes ávidos por conhecerem faixas de areia que, ainda hoje, preservam um clima selvagem, com a natureza praticamente intacta. Aventureiro e Parnaioca fazem parte desse time, e o melhor de tudo é que se pode conhecer ambas as praias em um único dia. Há duas opções para isso: no badalado roteiro Volta à Ilha, o passeio de barco mais vendido pelas agências locais, ou a partir de uma trilha de duas horas que liga as faixas de areia.

Aventureiro se destaca por, sem querer, ter se transformado no principal cartão-postal de Ilha Grande. Tudo por causa de um exótico coqueiro que enfeita o cenário e desperta a curiosidade por ter crescido deitado, debruçado sobre umas pedras no cantinho da praia, onde uma piscina natural se forma na maré alta. A paisagem é linda de morrer.

A praia é relativamente grande, abrange 600 metros de extensão. Tem areia branca e fina, mas, ao contrário do que se supõe, não é deserta. Lá, existe uma pequena comunidade caiçara que vive da pesca. Isso, entretanto, nem de longe ameaça a paz local, mesmo porque apenas 560 turistas podem pernoitar em Aventureiro por vez, nos *campings* ou quartos alugados pelos moradores. O controle é feito logo na chegada, no cais, com pulseiras.

Ao atravessar o costão de pedras do canto esquerdo, chega-se às duas praias mais intocadas da ilha, a do Leste e, logo depois, a do Sul. As duas ocupam uma reserva biológica, onde sequer é permitido ancorar barcor. A caminhada entre Aventureiro e Parnaioca, atravessando essas duas praias, é a mais gratificante de Ilha Grande.

Parnaioca

O coqueiro que cresceu deitado em Aventureiro (ao lado) virou o maior cartão-postal da ilha; abaixo, o mar calmo e verdinho da Parnaioca

Embora fique de frente ao mar aberto, as águas da Parnaioca são calmas, por estar dentro de uma baía. No canto direito, um riozinho deságua no mar, formando, a poucos metros da areia, uma lagoa deliciosa para nadar. Há até uma corda amarrada na árvore para quem quiser mergulhar depois de bancar o Tarzan. Existem ainda uma cachoeira e algumas casas de veraneio espalhadas pela praia.

Em meio a tanto sossego, fica difícil de imaginar que, na década de 1970, Parnaioca abrigou o maior povoado da ilha, com quase mil pessoas que viviam de agricultura e pesca comercial de sardinha. Das antigas construções, restaram apenas ruínas, uma antiga igrejinha e um pequeno cemitério.

É possível chegar lá sem passar por Aventureiro, mas, nesse caso, o roteiro é para poucos. A trilha, que parte do Abraão, leva nada menos que cinco horas. O caminho é lindo, e o desfecho, melhor ainda, com a praia surgindo do nada em meio à mata. Mas que é mais fácil ir de barco, ah, isso é.

Caxadaço e Praia do Sono

Dica: ***Se você estiver com tempo e disposição, pode fazer algumas trilhas a partir da Praia do Sono, que dão acesso a faixas de areia ainda mais intocadas, como Antigos e Antiguinhos***

Desde a década de 1970, os *hippies* já sabiam que não era preciso ir muito longe das grandes metrópoles brasileiras para encontrar refúgios naturais, praticamente intocados, no litoral. Atrás de montanhas íngremes cobertas pelo verde da Mata Atlântica, eles descobriram Trindade, vila que pertence ao município de Paraty, na divisa do Rio de Janeiro com São Paulo, e que tem praias de tirar o fôlego.

A mais bonita de todas é a do Caxadaço, deserta e extensa, com uma piscina natural no canto direito formada por grandes pedras vulcânicas e arredondadas, que represam a água do mar e criam um cenário de cair o queixo. Aqui e ali, há apenas algumas casas de pescadores e ranchos onde guardam barcos e canoas. Quiosques, barzinhos e barracas não existem. Guarda-sóis e cadeiras, então, nem pensar. O lugar é tranquilo demais. Nada por lá parece ter pressa. Nem mesmo os cardumes de peixinhos coloridos, que podem ser avistados na piscina natural por quem mergulha com máscara e *snorkel*.

Para chegar ao "meio de nada" mais bem localizado do Brasil, basta seguir por uma trilha curta e fácil de achar – qualquer um informa o caminho. Desde a Praia do Meio, a principal e mais sem graça da Trindade, porque está sempre cheia, são apenas 20 minutos de caminhada até a piscina do Caxadaço. O caminho é lindo, mas quem não curte andar no mato tem outra opção: embarcar em uma das lanchinhas que fazem o leva e traz dos turistas a partir das praias do Meio e do Rancho.

Outra faixa de areia inesquecível da região é a do Sono. Para chegar a esse praião semideserto, porém, é preciso camelar. A trilha, que dura cerca de uma hora, é bonita, mas bem puxada e cansativa. O acesso se dá pela Estrada

Piscina natural
do Caxadaço

MAPA
Sudeste

Caxadaço e Praia do Sono ficam em Trindade, na vila de Paraty, a 235 km do Rio de Janeiro.

O Caxadaço (ao lado) na verdade é uma piscina natural, que quase nem tem areia; a Praia do Sono (abaixo), por sua vez, é um reduto de pescadores

de Trindade, na altura do Condomínio Laranjeiras. O carro deve ficar estacionado na vila ao lado do condomínio. A partir daí, segue-se a pé mata adentro. Todo mundo tem de suar a camisa, mas a Praia do Sono vale o esforço.

A chegada rola em grande estilo, do alto, vendo a praia toda de cima do morro, sombreada pelas amendoeiras que se descortinam pela orla. A faixa de areia é grande e praticamente deserta, com apenas uma igrejinha e uma pequena vila de pescadores, que adoram contar histórias e, na alta temporada, expõem e vendem peixes fresquinhos para os turistas. Um cenário belo e bastante raro hoje em dia, ainda mais na região Sudeste do Brasil, bem no meio das duas principais capitais do País. Talvez esse contraponto seja o motivo do seu nome: Sono é a antítese da vida agitada das grandes metrópoles. E um dos maiores objetos de desejo de quem vive nelas.

Castelhanos

Dica: ***A praia mais bonita acessível de carro de Ilhabela chama-se Jabaquara e fica voltada para o continente, no sul da ilha, a 17 km (um terço em estrada de terra) do centro da vila***

Ilhabela, em São Paulo, tem 51 praias, mas a que todos querem conhecer quando vão para lá é Castelhanos, uma grande e espetacular faixa de areia branquinha, que figura em qualquer lista das dez mais lindas do Brasil. Tem mar aberto com ondas respeitáveis, e fica isolada ao final de uma estrada de terra de 19 km – se é que dá para chamar de estrada um caminho tomado por buracos de quase um metro de profundidade, transitável apenas por veículos 4x4.

Chegar lá realmente não é bolinho. São três horas para ir e voltar a partir do centrinho da ilha. Carros de passeio só chegam até a metade do caminho. Nem insista, pois todo mundo que dá uma de teimoso acaba atolado. O esquema mais indicado é seguir nos jipes das agências de turismo espalhadas pelo centrinho da ilha, que levam grupos para Castelhanos todas as manhãs.

A praia fica dentro do Parque Estadual de Ilhabela, reserva florestal que compreende quase 90% de toda a área da ilha – que, por sua vez, é a maior do litoral brasileiro. Ou seja, ali está uma das principais porções de Mata Atlântica preservada do Brasil, ainda praticamente selvagem e longe da especulação imobiliária. O cenário impressiona graças às muitas nascentes de água, que brotam no topo das montanhas e escorrem pelas encostas, formando centenas de cachoeiras.

Por conta da preservação ambiental, não é permitido construir em Castelhanos. Apenas alguns caiçaras vivem lá, em casas herdadas dos avós. Assim, tudo deve continuar como está por muitos e muitos anos, inclusive a tal estradinha de acesso, que era uma antiga picada usada por traficantes de escravos.

Ruim para quem vai, melhor para quem está lá. No canto esquerdo da praia, começa uma trilha de cerca de 40 minutos, que leva até a Cachoeira do Gato, com quase 80 metros de queda. Se quiser ir até lá tomar um banho, abuse do repelente,

Ilhota em frente
a Castelhanos

Para curtir a linda paisagem aí do lado, é preciso aguentar muitos chacoalhões na trilha encarada apenas por jipes (abaixo)

pois os borrachudos, presença constante em qualquer parte da ilha, atacam mais nos arredores das cachoeiras.

Além de Castelhanos, há outra praia bem famosa que vale a visita a Ilhabela. Trata-se do Bonete, cujo acesso é ainda mais difícil e complicado. Só dá para ir de barco ou caminhando por uma trilha de quatro horas, que começa em Ponta da Sapetuba. O esforço da jornada é recompensado pelas três cachoeiras do caminho. No Bonete, há uma comunidade de pescadores, que ainda faz canoas escavando troncos de árvore. Os nativos vivem isolados e sem energia elétrica. Muitos têm cabelos bem loiros – dizem que é herança genética dos ancestrais piratas.

A praia, assim como Castelhanos, fica no lado selvagem de Ilhabela, virada para o mar aberto e bravo. Na face voltada para o continente, por sua vez, as praias têm águas calmas. Essa condição de mar, somada aos ventos que passam pelo canal de São Sebastião, fazem da ilha um paraíso para os velejadores.

Maresias

Dica: ***Paúba, assim como as vizinhas Santiago, Toque Toque Pequeno e Toque Toque Grande, são bem diferentes de Maresias, mais sossegadas e tranquilas, com ranchos de pesca e casas de veraneio***

Já faz algum tempo que Maresias, em São Sebastião, virou a praia permanente da moda do litoral norte paulista. Ainda hoje, mantém-se soberana na preferência da galera marombada das academias de São Paulo, que divide as areias com surfistas, modelos (e aspirantes), gente famosa e outras nem tanto. Resumindo: se você tem esperança de conseguir uma brecha nas colunas sociais, ou simplesmente está atrás de muita balada e azaração, nem pense duas vezes e caia para lá. Gente bonita e esculpida é o que não falta.

A praia tem muito movimento em feriadões e finais de semana do verão. Tudo por causa das noitadas de arromba, que fizeram a fama de Maresias crescer como nunca no final da década de 1990. Ainda hoje, rolam nas pistas da megaboate Sirena, onde as baladas são comandadas por DJs renomados. A cada temporada, a casa passa por diversas reformas para não perder o pique e entrar no verão sempre com uma decoração diferente. As patricinhas, que não se importam em andar de salto alto na areia antes de entrar na casa, adoram. E os marmanjões, que estão atrás das patricinhas, mais ainda.

Em meio a tudo isso, Maresias também tem, veja só, uma excelente praia, com 4 km de areia fofa e água transparente. O canto direito é banhado por águas com ondas fortes e concentra surfistas e a galera descolada de Sampa. Subindo a estrada sentido Boiçucanga, há uma saída de terra à esquerda, que dá acesso a um mirante fantástico. No outro canto da praia, por sua vez, o movimento de gente é bem maior, por conta da proximidade com o centrinho da vila.

Mesmo com toda essa badalação, Maresias não passa de uma pequena vila com poucas dezenas de ruas de terra e uma ou outra via asfaltada. Até 1973, antes da construção da Rio-Santos – junção de duas rodovias: a SP-55, que curiosamente não vai até Santos, e a BR-101, que liga o Rio de Janeiro a Ubatuba –, a praia mais badalada de São Paulo era apenas um pequeno povoado de pescadores inacessível por terra. Até hoje, não há quiosques na areia,

Na areia, o clima
é bem calmo

MAPA
Sudeste

Maresias fica em São Sebastião, a 180 km de São Paulo, capital.

Maresias já "era" dos surfistas (abaixo) muito antes de ficar famosa; ao lado, a natureza que a cerca, ainda impecável mesmo diante de tanta badalação

por determinação de lei municipal e, em consequência, nem som alto e aquelas infames cadeiras de plástico com marcas de cerveja. Isso só rola na avenida, ao lado das baladas e do fim da tarde para frente, pois antes disso a galerinha da *night* costuma dormir ou curtir a ressaca.

De qualquer forma, quem busca paz de verdade e gosta de caminhar pode muito bem deixar Maresias para trás durante o dia e seguir a pé até a vizinha Praia de Paúba, por uma trilha de dez minutos. O trajeto começa dentro de um condomínio, com acesso liberado apenas para pedestres. Se for de carro, basta pegar a rua de terra à direita, logo depois da ponte.

Como a galera de Paúba é mais natureba, há que diga que a dobradinha com a vizinha famosa é o esquema ideal para quem tem pique para aproveitar uma boa faixa de areia durante o dia, e se esbaldar na balada quando o sol for embora. E, com o monte de gente bonita que tem por lá, só não tem pique quem não quer.

Itaúnas

Dica: ***Conceição da Barra abriga o Parque Estadual de Itaúnas, criado em 1991 com o intuito de preservar a variedade de ecossistemas da região. A Unesco concedeu ao lugar o título de Patrimônio da Humanidade***

O Espírito Santo padece de um mal: fica entre a fama do Rio de Janeiro e a energia da Bahia. Com isso, acaba ignorado pelos visitantes de outras regiões, o que é uma pena, sem dúvida. Mas a situação desse "patinho feio" do turismo vem, aos poucos, mudando graças a lugares como Itaúnas, distrito de Conceição da Barra, cidade localizada ao norte do Estado.

Itaúnas não tem uma praia propriamente bonita, mas, em compensação, é abençoada por um incrível deserto de dunas, que atingem 30 metros de altura. O lençol de areia, soprado pelos ventos do Nordeste, é tão grande que simplesmente cobriu boa parte da pequena vila, entre as décadas de 1950 e 1970.

Mas o povoado ressurgiu mais forte, do outro lado do Rio Itaúnas, que corta o distrito, e não tardou em ser contagiado pelo ritmo do forró, responsável hoje por atrair muitos turistas de Minas Gerais, Bahia e outras partes do Brasil. Não à toa, Conceição da Barra é apontada como a capital capixaba do forró. É só o sol fingir que vai descansar para que todo mundo se mande para a Vila de Itaúnas, onde rola o bate-coxa que não tem hora para acabar. Nos feriadões e no verão, a pegação aumenta no mesmo ritmo dos termômetros, e o clima esquenta para valer. Fica difícil sair sem companhia do baile.

Muitos aproveitam para varar a madrugada e ver o nascer do sol do alto das dunas. Esse horário também é o melhor para curtir as longas faixas de areia de Itaúnas, já que, na maré baixa, formam-se algumas piscinas naturais de águas mornas, perfeitas para quem deseja descansar depois de gastar o chinelo durante a noite toda.

Chinelo, por sinal, é algo que os nativos e visitantes não tiram do pé, o que mostra como a vida na vila é simples e

Vila sossegada

A praia é simples, banhada por um mar bem calmo, mas o que chama a atenção mesmo em Itaúnas são as dunas (abaixo), que podem atingir até 30 metros de altura

rústica. Exceções são abertas nos dias em que o distrito para diante da realização de festas muito populares na região, como o famoso Baile de Congo, auto teatral com duração de uma semana. Outro acontecimento que leva a mulherada a passar batom e os homens a calçar uma sandália mais nova é o Ticumbi, realizado todos os anos, em janeiro. Inspirada em tradições africanas, a festa retrata a luta entre os Reis de Bamba e os Reis de Congo, que disputam o privilégio de promover o evento em homenagem a São Benedito.

Nessa época, Itaúnas se enfeita com flores e fitas coloridas e se rende a uma multidão de pessoas que invade as ruas, dançando ao som de pandeiros e tambores. A coreografia, passada de geração para geração, impressiona tanto quanto a dança das dunas, que se entregam à vontade dos ventos que, cada vez mais, informam aos quatro cantos que o Espírito Santo é bom demais.

MAPA
Sudeste

Itaúnas é um distrito de Conceição da Barra, cidade situada a 270 km de Vitória, capital do Espírito Santo.

Praia do Rosa/Santa Catarina

Sul

Praia Mole

Dica: ***A noite na Praia Mole é tão quente quanto o dia. Tudo graças à Latitude 27, danceteria que fica na serrinha que leva à praia e vive lotada, principalmente, na alta temporada. Geralmente, há shows de bandas ao vivo***

Não dá para dizer que a Mole é a praia mais bonita de Florianópolis, em Santa Catarina, mas que é lá que rola o burburinho mais quente da badaladíssima ilha do Sul do Brasil, ah, isso é. No verão, é preciso disputar espaço na areia junto aos banhistas, pois a praia vive lotada. Isso, porém, pouco importa, porque quem vai até lá quer mais é ver gente. Afinal, a faixa de areia tem a maior concentração de pessoas bonitas de Floripa, o que, convenhamos, não é pouco. Corpos sarados desfilam o dia todo à beira-mar e nos diversos chuveiros de água doce espalhados pela orla... é de entortar o pescoço de qualquer um.

A Mole ganhou esse nome por causa de sua areia solta e fofa. Andar por lá é uma dificuldade, já que o pé afunda a cada passo. A dica para curtir melhor o passeio é chegar pertinho da água e caminhar de um lado até o outro, pois a praia é pequena e ambos os cantos são interessantes, com pedras fáceis de escalar e que garantem ótimas vistas.

Por ser um *point* tradicional de jovens, a praia é uma das preferidas da galera que curte esportes. Surfista, por exemplo, parece dar em árvore por lá, tal a quantidade desfilando na areia ou encarando as ondas, que quebram forte na região. Por isso, quem chega à Mole dá de cara com uma estátua de um "brother" com uma prancha. É bem maneiro, mesmo para quem não curte a modalidade.

Da areia macia, também é comum ver praticantes de parapente, que aproveitam a encosta sul como rampa de decolagem. Aqui e ali, há sempre pontos coloridos enfeitando o céu e deixando o cenário da praia ainda mais bonito. Uma boa forma de apreciar a paisagem é sentar em um dos inúmeros barzinhos à beira-mar, onde o pessoal se reúne para tomar cerveja ou suco natural e petiscar frutos do mar. Além, é claro, de paquerar.

O mais legal é que a Mole é uma praia bem democrática, aberta a todas as tribos. No canto esquerdo, é comum ver o pessoal GLBT fincar seus guarda-sóis e

Pedras nos cantos
garantem boas vistas

Meninas com tudo no lugar (abaixo) se estendem na areia enquanto surfistas desfilam em meio ao belo cenário. É mole ou quer mais?

aproveitar o serviço do Deca, último bar da faixa de areia. É nesse trecho, por sinal, que começa uma trilha que leva até a bonita Praia da Galheta. Logo no início do caminho, uma placa avisa que a Galheta é uma praia de nudismo opcional. Ou seja, você tira a roupa apenas se quiser.

Ali perto, atravessando o morro da Lagoa da Conceição, fica a Praia da Joaquina, que ganhou fama por causa dos campeonatos de surfe. Por estar em uma área de proteção ambiental, a faixa de areia tem pouquíssimas construções: apenas poucos restaurantes e um estacionamento para os ônibus de excursão. Embora tenha ganhado certa "farofa" nos últimos anos, a Joaquina ainda não perdeu o astral, graças à tal preservação e, provavelmente, ao fato de ser vizinha da "saradíssima" Praia Mole.

Lagoinha do Leste

Dica: ***Quem quiser curtir outra praia pode seguir para a Solidão, 3 km adiante de Pântano do Sul. Dá para ir de carro: sobe morro, desce morro, lá está ela. Além de ter areias bem brancas, Solidão conta com rio e cachoeira***

Florianópolis, capital catarinense, é um delicioso círculo vicioso. Uma ilha com 42 praias de diversos tipos e estilos. Desertas ou animadas, da moda ou escondidas. A escolha é feita de acordo com o perfil do viajante. Mas há algo com que todo mundo concorda: a Lagoinha do Leste é a mais bonita de todas.

Não há estrada para chegar lá, mas quem encara a trilha de uma hora que parte de Pântano do Sul, uma rústica vila de pescadores que ainda sobrevive na efervescente cidade, dificilmente se arrepende. Ao fim da caminhada, é possível ver do alto de um mirante aquele praião que todo mundo sonha.

Cercada por costões verdes, a Lagoinha do Leste ainda é muito selvagem, sem nenhum vestígio de concreto na faixa de areia imaculada. A paisagem é de uma beleza alucinante, com ondas que estouram nas pedras lá embaixo, na discreta companhia dos habitantes locais: gaivotas, passarinhos, gaviões... É incrível existir um lugar assim em uma capital, e a apenas 20 km de um shopping. Coisas que só o litoral de Santa Catarina pode oferecer.

Quem desce até a areia encontra uma praia com cerca de 1 km de extensão. As águas são bravas, pois Lagoinha do Leste fica na face de Floripa voltada para o mar aberto. De ambos os lados da faixa de areia, o que se vê são apenas costões de pedra. Ao fundo, morros de vegetação nativa compõem a paisagem, que ainda conta com a lagoinha que dá nome ao lugar, abastecida por pequenos córregos que nascem na mata.

No verão, dá para chegar à Lagoinha do Leste de barco. No resto do ano, só caminhando pela trilha

Praia selvagem

MAPA
Sul

A Lagoinha do Leste fica em Florianópolis, capital de Santa Catarina.

A chegada à Lagoinha é em grande estilo, com todos vendo a praia do alto; na trilha de volta, o esquema é parar no lendário Bar do Arante (abaixo), em Pântano do Sul

mesmo. Além do trajeto feito a partir de Pântano do Sul, que é mais rápido, é possível ir pela Praia do Matadeiro. A caminhada é menos puxada, pois não há trechos de grande subida, mas o percurso toma mais tempo, cerca de duas horas. Essa dificuldade de acesso tem servido, ao longo do tempo, como escudo protetor dessa região.

O caminho de ida é você que escolhe, mas voltar por Pântano do Sul é sempre melhor. Isso porque dá para recuperar as energias gastas na trilha no Bar do Arante, o mais folclórico e original de Floripa. O bar tem as paredes e o teto inteiro forrado com bilhetes que os clientes escrevem em pedaços de papel. Logo ao entrar, a curiosidade faz o visitante começar a ler tudo quanto é mensagem. O simpático "Seu" Arante, que abriu o bar em 1958, diz que são 100 mil bilhetes espalhados por todo canto. Gente do mundo inteiro já passou por ali.

Guarda do Embaú

Dica: ***Nos meses de abril a julho, o surfe é proibido na Guarda do Embaú, por causa do início da temporada de pesca da tainha, uma das principais fontes de renda do vilarejo***

Encravada no meio do caminho entre Florianópolis e a Praia do Rosa, a Guarda do Embaú não tem a ferveção das vizinhas famosas, mas é tão bonita quanto qualquer outra praia badalada de Santa Catarina. E, se bobear, mais charmosa, justamente por ter um clima calmo, perfeito para quem deseja descansar em uma praia dos sonhos no Sul do País.

O visual da faixa de areia é de tirar o fôlego, graças à situação geográfica bastante peculiar em que se concentra. A paisagem é composta por um costão que avança em direção ao mar e cria uma ponta de areia delimitada pelo Rio da Madre, que faz parte do Parque Estadual da Serra do Tabuleiro. Como não dá para chegar ao mar sem atravessar o rio, barquinhos coloridos guiados por nativos permanecem na margem de dentro à espera dos turistas, que anseiam em chegar do lado de lá. Quem acordar cedo e encontrar a maré baixa pode fazer a travessia pé, rapidinho e sem sustos. Os mais experientes também podem nadar até a outra margem, o que também é bem gostoso.

O movimento na Guarda do Embaú sobe vertiginosamente durante a temporada, porém, na maior parte do ano, apenas surfistas e um ou outro casal em lua de mel são vistos na região. Vez por outra, chega algum carro ou ônibus com uma turma vinda de Floripa, que desceu para a praia a fim de curtir um bate-volta, mas essa definitivamente não é a melhor forma de aproveitar o lugar. Guarda é um destino para ser visitado sem pressa, em um ou mais pernoites nas simpáticas pousadinhas locais. Não tem graça ir para lá sem deitar na areia fofa e passar um tempo sem fazer nada, apenas curtindo a natureza, que já atraiu muitos famosos para o local, como o modelo carioca Paulo Zulu, dono da Zululand, uma das boas opções de hospedagem do destino. Recado para as mocinhas solteiras: nem adianta se assanhar, pois ele mora com a família.

Rio da Madre

A maior parte dos visitantes opta por chegar à praia em simpáticos barquinhos; ao lado, vista das praias da região a partir de um mirante natural

Além de relaxar na praia e curtir o visual, quem vai a Guarda tem a chance de praticar uma série de esportes radicais, como parapente e rapel. Ou passear de bicicleta e encarar trilhas, como a que leva à Pedra do Urubu. O trajeto até o mirante natural parte do canto esquerdo da praia, é bem tranquilo e dura cerca de meia hora. Lá do alto, é possível observar não só a beleza estonteante da Guarda, mas também outras joias raras do litoral catarinense, como Pinheira, Sonho, Gamboa e até mesmo Garopaba.

De volta à vila, dá para caminhar até outras faixas de areia interessantes, como Prainha, pequena, deserta e venerada pelos surfistas. Depois, é só esperar a noite cair, sobretudo durante o verão, quando o centrinho da Guarda fica bem agitado. Nessa época, a galera se espalha pelos diversos barzinhos da região, onde rola muito reggae, rock, forró e música eletrônica até altas horas da madrugada.

MAPA
Sul

Guarda do Embaú fica a 70 km de Florianópolis, capital de Santa Catarina.

Praia do Rosa

A Praia do Rosa, em Santa Catarina, tem duas estações bem definidas. Durante o verão, é um lugar de agito, com muita gente jovem e bonita, bares lotados e baladas disputadas. No restante do ano, é um retiro ideal para casais que apreciam o contato com a natureza, mas não abrem mão do conforto.

Situada no município de Imbituba, a faixa de areia em forma de ferradura sofreu uma profunda transformação ao longo do tempo. De reduto de *hippies* e surfistas, onde moravam famílias de pescadores e agricultores, passou a ser um dos destinos mais disputados do litoral catarinense.

O mais interessante é que a especulação imobiliária não tirou a aura de rusticidade do Rosa. Esse charme pitoresco atraiu patricinhas, mauricinhos, largados, bichos-grilos e todo tipo de turistas para a região, que é bem democrática e oferece opções de hospedagem e gastronomia para todos os gostos (e bolsos). Muito antes dos turistas, porém, quem reinava por lá eram os surfistas. Eles descobriram uma sequência de praias especiais na área. Além do Rosa, até hoje muita gente pega onda em Siriú, Ouvidor, Luz, Vermelha, Ferrugem, Vila e Silveira, onde tradicionalmente é realizada uma das etapas do Campeonato Mundial de Surfe (WTC).

A cultura do esporte foi um dos elementos mais importantes para o desenvolvimento sustentável do turismo da região, mantendo como princípio a preservação da natureza. Também virou um negócio lucrativo, como demonstra o sucesso da confecção Mormaii, uma das principais marcas de moda surfe, conhecida em todo o Brasil.

Fora da temporada, o Rosa vira um convite à contemplação. A água gelada espanta os turistas, mas atrai as baleias-francas, que migram do polo sul para procriar nas baías "quentes" da região, entre os meses de julho e

Dica: ***Bem próxima à Praia do Rosa fica Garopaba, outra famosa faixa do litoral catarinense. Reduto de hippies, a pacata vila de pescadores cresceu por conta do turismo e passou a atrair surfistas em busca de ondas, e casais atrás de paz. No verão, assim como ocorre no Rosa, as belíssimas praias de Garopaba ficam lotadas de gente bonita***

Fora do verão, a praia
fica assim, bem calma

Paraíso dos surfistas (abaixo), o Rosa é uma praia emoldurada pela formação de morros verdejantes e lagoas, que ficam bem ao lado do mar

setembro. O contato com esses mamíferos é uma experiência única, cuja energia alimenta a alma de quem se liga na natureza. E de quem não se liga também.

No Rosa, existem duas lagoas, uma delas de água salobra, que se liga ao mar durante as cheias, e outra de água doce, que fica no canto sul e costuma atrair muitos banhistas pela fama de águas energéticas. A maior e mais bela lagoa da região fica ali pertinho. É a de Ibiraquera, que se espalha por vários quilômetros e, durante o verão, liga-se ao mar dividindo as praias da Luz e de Ibiraquera e transformando-se em um imenso criadouro de peixes e camarões. Nas margens da lagoa, sobretudo próximo à Barra de Ibiraquera, há muitas opções de esportes aquáticos, como esqui, vela, windsurfe e kitesurfe, modalidade que combina o uso de uma prancha de surfe com uma espécie de paraquedas.

MAPA
Sul
Praia do Rosa fica em Imbituba, a 70 km ao sul de Florianópolis, capital de Santa Catarina.

Bombinhas

Dica: ***No final de Zimbros, na península de Bombinhas, começa uma trilha que atravessa uma área de preservação ambiental com cinco praias desertas, uma mais bonita que a outra. O percurso total leva cerca de duas horas e meia, seguindo por um caminho bem fácil***

Localizada no meio do caminho entre Florianópolis e Balneário Camboriú, em Santa Catarina, Bombinhas é uma das 26 praias da península homônima, região que chama a atenção por ser salpicada de montanhas verdejantes. Por que tem esse nome? Dizem que é por causa do som das ondas quebrando na areia e nas pedras, que pode ser ouvido de longe. Ninguém sabe se a lenda é verdadeira, mas ela ao menos dá um charme especial ao lugar e faz todo mundo prestar atenção no barulho à noitinha, antes de pegar no sono.

Principal praia da península, Bombinhas concentra a maioria das pousadas, hotéis, restaurantes, bares e baladas do pedaço. Sua faixa de areia branquinha enfeita uma baía de águas abrigadas, azuis e bem calmas, formando o cenário ideal para quem viaja com a família e deseja relaxar. As crianças pequenas, por exemplo, adoram esse trecho do litoral catarinense.

Curiosamente, não faltam surfistas desfilando com suas pranchas pela região. Isso ocorre porque a galera que pega onda, geralmente, prefere se estabelecer em Bombinhas, que tem mais infraestrutura, ao migrar para a península a fim de curtir o mar bravo das praias vizinhas, muitas delas praticamente selvagens. Na cola dos surfistas, há sempre muitos jovens atrás de festa, o que faz com que a noite seja bem animada na praia.

Quem também bate cartão em Bombinhas são os mergulhadores amadores e profissionais. De *snorkel* e máscara, basta seguir ao costão esquerdo da praia para logo se ver cercado por muitos peixinhos coloridos. Para quem gosta de mergulho profissional, a dica é contratar, em uma das diversas agências de turismo locais, um passeio que segue para a Ilha do Arvoredo, parte de uma reserva biológica marinha, considerada o melhor local para mergulho do Sul do Brasil. É possível fazer um curso na região e encarar o batismo no Saco do Capim, um dos pontos mais visitados da ilha, onde estão os restos do naufrágio Granada, antigo barco de pesca que afundou por causa de uma falha nos motores.

Outra turma que costuma lotar Bombinhas são os argentinos. Na alta temporada, a população da cidade pula de 10 mil para 250 mil. Nessa época, há filas por todos os

MAPA
Sul

Bombinhas fica 70 km ao norte de Florianópolis, capital de Santa Catarina.

O município de Bombinhas abriga diversas praias além da homônima (abaixo), como a bela Mariscal (ao lado)

lados e não vale a pena sair de carro. O jeito então é pedalar ou alugar caiaques para remar até as praias mais distantes, que ficam mais sossegadas. Entre elas, destacam-se Mariscal e Quatro Ilhas. Esta última tem uma particularidade interessante. O mar que a banha começa rasinho e vai afundando, como em qualquer lugar do mundo, mas após cerca de 50 metros começa a baixar novamente, pois existe um enorme banco de areia na região. A sensação de estar no meio do mar com a água pelas canelas é demais.

Outra boa pedida é a encantadora Praia da Tainha, que pode ser observada de um espetacular mirante de 360 graus. Já nas praias de Canto Grande, Morrinhos e Zimbros, a península ganha ares de vila de pescadores. Ali, muitas famílias vivem do cultivo de mariscos, com barquinhos estacionando na frente das casas que cercam toda a baía.

Créditos

Tales Azzi
Capa e Páginas 6, 8, 10, 13, 14, 17, 18, 19, 21, 22, 23, 25, 26, 27, 29, 31, 33, 34, 35, 37, 38, 39, 41, 42, 43, 45, 46, 47, 49, 50, 51, 53, 54, 55, 57, 58, 59, 61, 62, 63, 65, 67, 69, 71, 73, 74, 75, 77, 79, 81, 82, 83, 85, 86, 87, 89, 90, 97, 98, 99, 101, 102, 103, 105, 106, 107, 109, 110, 111, 113, 114, 115, 116, 117, 118, 121, 122, 124, 126, 127, 129, 130, 131, 133, 134, 135, 137, 138, 139, 140, 141, 142, 143, 145, 146, 147, 149, 150, 151, 152, 155, 156, 157, 161, 162, 169, 170, 171, 173, 174, 175, 177, 178, 179, 181, 182, 185, 186, 187, 190, 199, 200, 201, 203, 204 e 205.

Vinícius Casagrande
Página 208.

Érico Elias
Páginas 196, 212 e 213.

Jorge de Souza
Página 15.

Fernanda Vanzelli
Páginas 206 e 209.

Jota Freitas
Páginas 123.

Celso Moraes
Páginas 158, 189 e 191.

Telma Mafra
Páginas 215, 216 e 217.

Alexandre Brum_ FOTOCOmNET
Página 163.

WRocio
Página 193 e 195.

Viagem Setur Recife
Página 30.

Setur Alagoas
Páginas 66, 70 e 78.

Setur Porto Seguro
Página 91.

Rio de Janeiro Convention Bureau
Página 164 e 166.

Paraty Convention & Visitors Bureau
Página 183.

Setur Espírito Santo
Página 194.

Kiaroa_Divulgação
Páginas 93, 94 e 95.

Sxc.com
Página 167.

Outros livros desta coleção

50 Lugares Inesquescíveis do Brasil

50 Ilhas dos Sonhos

50 Lugares Inesquescíveis do Mundo